COMBATTRE L'EXCLUSION

DAMIEN-GUILLAUME AUDOLLENT
DANIEL FAYARD

L E S   A N

Sommaire

Les mots suivis d'un astérisque (*) sont expliqués dans le glossaire.

« La lumière ne peut être saisie qu'à partir de la nuit totale ;
de même, on ne peut comprendre et saisir les droits de l'homme qu'à partir
de ceux qui en sont intégralement privés. Il devient urgent
d'introduire les plus pauvres, leur condition, leur parole, dans la pensée
contemporaine sur la société, sur la démocratie, sur les droits de l'homme. »
(Joseph Wresinski, fondateur d'ATD Quart Monde).

Refuser la fatalité de la misère

Si l'on veut vaincre l'exclusion sociale*, il faut commencer par comprendre ce que vivent les plus pauvres. Partout où elle sévit, la misère méprise les droits de ceux qui la subissent. Nous avons collectivement et individuellement la responsabilité d'agir, afin que toute personne puisse participer à la vie de la société. Cela implique de s'interroger sur le chemin qu'il reste à parcourir pour protéger les droits de chacun.

Refuser la misère nécessite d'adopter un regard neuf sur les personnes exclues, fondé sur la défense de l'égale dignité de tout être humain : alors seulement nous pourrons bâtir une société autour des plus démunis d'entre nous, et avec eux.

« *On nous croit incapables* »

Situation concrète, le parcours de la famille G. montre, mieux qu'une théorie, le combat quotidien d'une famille en France pour la dignité et la survie. (Extrait du rapport de la Commission nationale consultative des droits de l'homme, CNCDH* : « *Grande pauvreté et droits de l'homme* », 1992).

Accéder à un « logement social » représente une victoire pour un certain nombre de familles. Mais la vie dans ces « grands ensembles » (*ci-dessous* à Marseille, en 1994) n'est pas toujours facile.

L'errance en famille

Pendant sept ans, M. et Mme G. et leurs deux enfants n'ont connu que l'errance, vivant en caravane, en voiture, sous tente, dans une baraque de jardin... De ce fait, la scolarité des enfants a été très irrégulière. En décembre 1989, la famille accède enfin à une vraie maison, avec une adresse, l'eau et l'électricité, dans une impasse, à la limite d'une zone industrielle. Dans ce quartier très pauvre et reculé, où règne une grande tension, M. G. a été récemment blessé lors d'une bagarre ; puis c'est son fils qui subit un traitement identique. Tous les deux se retrouvent ainsi partiellement invalides.

Les difficultés au quotidien

Ne pouvant rester dans un atelier d'insertion où il se sent en insécurité, M. G. réussit néanmoins à travailler à la réhabilitation du quartier, pour des travaux qui, malheureusement, ont été suspendus au bout de quelques semaines. À 47 ans, il ne compte plus trouver de travail dans la serrurerie, métier dont il a appris autrefois les bases en prison. Depuis l'âge de 12 ans, sans

approches   hier et aujourd'hui   mobilisatio

formation ni statut reconnus, il a exercé de façon instable diverses activités : garçon de ferme, cantonnier, fossoyeur. Aujourd'hui, M. G. récupère les métaux ; il associe parfois ses enfants à cette activité, qu'il a apprise de son père, et dont il parle avec fierté. Une fois le loyer payé, la famille n'a que 3 500 francs par mois pour vivre. Il faut restreindre le chauffage au gaz, qui coûte cher. Mme G., malade, ne peut se procurer les lunettes et l'appareil dentaire dont elle a besoin.

Quel espoir pour les enfants ?

Ces difficultés, ajoutées à un passé de misère, pèsent sur les enfants : au collège, ils se sentent différents des autres. Ils s'y font remarquer par leur absentéisme, leur agressivité ; ils souffrent de ne pouvoir participer aux activités culturelles ou sportives, par manque d'argent. M. et Mme G. sont angoissés et désarmés face à l'avenir de leurs enfants. Ils ne croient plus que ceux-ci pourront un jour prétendre à une autre vie que la leur. Ils envisagent même parfois de reprendre une caravane, pour chercher ailleurs un peu de calme et de sécurité, loin des querelles de voisinage et des mauvais souvenirs, loin de l'assistance aussi.

« On nous assiste, on ne nous écoute pas »

M. et Mme G. se sont toujours battus avec fierté pour montrer leur capacité à se débrouiller par eux-mêmes. Il leur semble que les services sociaux, au lieu de se mobiliser avec eux, gèrent simplement la situation à leur place. *« On nous assiste parce qu'on ne nous croit pas capables, mais on ne nous aide pas à assumer nos responsabilités. Nous, on ne nous écoute pas, nous n'avons pas à choisir. Nous sommes obligés de passer par l'assistante sociale ou par l'éducateur pour nous procurer des vêtements. On nous a mis une travailleuse familiale pour s'occuper de notre linge, un gestionnaire pour marquer tout ce que nous dépensons. On nous demande de voter pour les parents d'élèves mais nous ne les connaissons pas... »*

> Cette histoire vécue, faite de précarités, de renoncements et d'errance, est emblématique de celles de nombreux êtres humains aux prises avec la misère, dont les droits sont quotidiennement et silencieusement violés.

« *Pouvoir vivre debout* »

La famille S. vit en banlieue parisienne. Des expulsions successives, des conditions de vie très dures n'entament ni sa détermination pour aujourd'hui ni son espoir pour demain. (Extrait du rapport de la CNCDH* : « *Grande pauvreté et droits de l'homme* », 1992).

Refoulée à l'écart de nos centres urbains, loin de tout, une partie de la population est contrainte de vivre dans des conditions très précaires, dans des habitations « de fortune », comme ici dans le Val-d'Oise, en 1994.

La vie en caravane

Issus du monde du voyage, mais sédentarisés, M. et Mme S. vivent, avec leurs quatre enfants et un oncle âgé, dans deux caravanes au bout d'un chemin limitrophe de deux communes, entre un bois et des champs. Ils campent ici depuis trois ans et demi, après vingt-sept ans passés, déjà en caravane, dans une grande agglomération proche. Il y a six ans, les autorités municipales ont fait pression pour les inciter à rejoindre un terrain de stationnement aménagé. Monsieur S. a refusé de s'y établir car il lui aurait été impossible de poursuivre ses activités de ferrailleur dans cet endroit trop éloigné de ses habituelles zones de travail. Suite à ce refus, la famille a été chassée de son lieu de vie par la police. Délogés à nouveau d'un terrain qu'ils avaient réussi à louer dans une autre ville, se sentant partout indésirables, M. et Mme S. ont résolu de venir se cacher dans cet endroit désert, avec l'espoir de ne plus subir d'expulsions*.

approches | hier et aujourd'hui | mobilisatio

La peur et la débrouille

M. et Mme S. évitent au maximum le contact avec les institutions, et même avec le voisinage, tant ils craignent d'être « dénoncés aux autorités ». C'est ainsi que leur seule adresse est une boîte postale et que les enfants ne sont pas scolarisés. M. S. a néanmoins réussi à obtenir le Revenu minimum d'insertion (RMI*). Ce revenu suppose l'acceptation de toutes propositions de formation ou d'accompagnement censées favoriser l'insertion des bénéficiaires. M. S. n'imagine pas qu'il puisse avoir sa place dans de tels stages, et pense donc renoncer au RMI. À 35 ans, il estime qu'il peut continuer à vivre de la récupération des métaux. Les grands-parents de M. S., qui vivaient sur les anciennes fortifications de Paris, là où fut construit le boulevard périphérique, pratiquaient déjà de petits métiers : élagage des arbres, rempaillage des chaises, ramassages divers.

« Repoussés de plus en plus loin »

La famille S., comme toutes celles qui partagent les mêmes conditions d'existence très précaires, sans eau ni électricité, sans relations sociales dignes de ce nom, désespère de trouver des soutiens extérieurs favorables. L'oncle qu'ils hébergent exprime le sentiment partagé par tous ces groupes familiaux : « *Nous sommes comme les Juifs, un peuple errant persécuté... Nous sommes comme les Indiens d'Amérique qui ont été décimés, mis à l'écart... Nous sommes repoussés de plus en plus loin...* » Quel avenir pour leurs enfants ? Qui croit encore en eux, en leurs possibilités d'apprendre et de se développer ? Ils en sont pourtant capables : deux heures par semaine, quand passe l'Antenne scolaire pour les enfants tziganes, ils s'acharnent à apprendre à lire, à écrire, à compter. « *Ce que nous voulons,* disent M. et Mme S., *c'est être tolérés et avoir de l'eau. C'est important pour pouvoir vivre debout.* »

> En butte à l'incompréhension des uns et à l'indifférence des autres, M. et Mme S. sont condamnés à l'errance, rejetés toujours plus loin. Malgré les difficultés quotidiennes, ils rêvent de « *pouvoir vivre debout* » et d'un avenir meilleur pour leurs enfants.

N'être plus rien aux yeux des autres

Quand des personnes meurent de froid, quand l'exclusion conduit à l'inutilité et à la honte, à l'insécurité et à la violence, cela nous interroge sur la société que nous voulons construire ensemble.

Mourir de froid : où est le scandale ?

Chaque hiver, des personnes meurent de froid dans la rue. Même si les centres d'hébergement* ont de la place, les conditions d'accueil et de séjour (anonymat, promiscuité, règlement strict, sentiment d'être « parqué »…) découragent une partie de la population concernée qui, ne se sentant pas vraiment accompagnée et soutenue, préfère la solitude et le froid de la rue. Ces morts gênent, scandalisent. Un débat resurgit alors, pour quelques semaines : on s'insurge ; et puis c'est l'oubli… Mais où est le véritable scandale ? Ces personnes privées de logement ont le sentiment que la société les laisse lentement mourir d'abandon et de désespoir. Leur espérance de vie est d'ailleurs nettement inférieure à la moyenne nationale qui est de 80 ans environ en 1999.

La honte d'être inutile

Les personnes en situation d'exclusion* portent le poids de leur inutilité. Ne pouvant prendre part à la vie de la collectivité en lui apportant le fruit de leur travail, elles sont « condamnées » à vivre de l'aide sociale ou de la mendicité. Il en résulte un sentiment de honte chez ceux que l'on considère comme des fardeaux, « à charge ». Mais aucun être humain ne peut accepter d'être réduit à une bouche à nourrir, ni laisser la honte lui interdire toute relation sociale. Chacun a besoin de pouvoir dire « je », pour rencontrer un « tu » et construire un « nous ». Quand des personnes sont abandonnées à leur

Un homme sans abri

Dans son livre *Le Cachalot*, témoignage de sept années passées dans la rue, Yves Le Roux raconte : « *Être obligé de passer le temps fait perdre tout sens à la vie. La vie, c'est pour les autres, pas pour moi. Les autres ont quelque chose à faire, moi non. Je n'ai pas de place dans cette société. Je me sens "rien" en permanence.* » Ramsay, 1998.

approches   hier et aujourd'hui   mobilisati

détresse, une question se pose : l'homme peut-il accepter que ses semblables soient ignorés ?

Expulsés, pour la sécurité des autres

Vivre dans des conditions très précaires ne facilite pas les relations avec le voisinage. Il est possible d'y trouver entraide et compréhension, mais si rien ne semble changer dans une manière de vivre jugée anormale, le découragement risque de l'emporter de part et d'autre. Au point que certaines personnes ou familles sont victimes du rejet et de la peur, et finissent par être indésirables dans leur quartier. Beaucoup d'expulsions* s'opèrent de la sorte, pour préserver la tranquillité et l'homogénéité sociale des habitants, sans que personne ne se soucie du devenir de ceux qui sont exclus, et dont la mise à l'écart constitue une véritable violence sociale.

Une scène trop quotidienne, trop banale, qui se joue comme ici dans les rues de Paris, et à laquelle on ne prête plus attention.

L'utopie, une révolte nécessaire

Quand l'indifférence et le sentiment d'impuissance dominent, parler des droits humains, qu'il s'agisse des libertés civiles ou de l'accès à la protection sociale, passe pour de l'utopie. On ne voit guère comment toutes les personnes marginalisées et rejetées dans la pauvreté pourraient améliorer leur qualité de vie. Mais il faut poser la question autrement : est-il acceptable que l'impuissance et l'indifférence, voire le mépris, conduisent au rejet et à l'exclusion ? Quand, à cause de la misère, certains citoyens sont privés des moyens d'exercer leurs droits, la démocratie elle-même est menacée.

Laisser faire, c'est accepter. C'est abandonner notre dignité d'hommes en même temps qu'est sacrifiée celle des plus pauvres.

> Exclus par la société, considérés comme incapables de prendre une part active au monde qui les entoure, les plus démunis nous poussent à placer la dignité de tous au cœur de nos choix de société.

Inégalités de ressources et misère

De nombreuses statistiques donnent une image chiffrée de la pauvreté. Mais, au-delà des chiffres, la misère réduit le champ des possibles, condamnant à la survie ceux qui la subissent.

Photo *ci-dessous* : au Mali, ces femmes originaires d'une région durement frappée par la sécheresse vont chercher de l'eau au puits. Geste ancestral, geste de survie…

Contraste planétaire

L'immense richesse de quelques individus contraste avec l'extrême faiblesse des revenus des populations des pays en développement : les 225 plus grosses fortunes du monde représentent un total de plus de mille milliards de dollars, équivalent au revenu annuel des 47 % d'individus les plus pauvres de la planète (2,5 milliards de personnes). Source : PNUD, *Rapport mondial sur le développement humain*, Éd. Économica, 1998.

Des injustices croissantes

Sur terre, un être humain sur cinq dispose aujourd'hui, pour survivre, de moins d'un dollar par jour. Ne pouvant satisfaire ses besoins essentiels (santé, eau potable, logement, scolarité, nutrition), le quart le plus pauvre de la population mondiale regroupe les laissés-pour-compte de l'explosion de la consommation. En 1960, les 20 % d'êtres humains les plus riches avaient déjà un revenu 30 fois supérieur à celui des 20 % les plus pauvres ; mais en 1995, leur revenu était 82 fois supérieur. Quand, misant sur le paraître et non sur l'être, le système de valeurs d'une société privilégie ce qu'une personne possède, au détriment de ce qu'elle est, la répartition inégale du revenu entraîne l'exclusion*. Visible dans la montée

approches | hier et aujourd'hui | mobilisatio

de la consommation à outrance et de l'endettement des ménages, ce relèvement des normes sociales creuse les inégalités à l'intérieur d'un même pays.

Quels instruments ? Pour mesurer quoi ?

Bien souvent, c'est l'argent qui sert à évaluer la position sociale de quelqu'un et son «niveau de vie». C'est ainsi qu'a été défini un seuil* de pauvreté monétaire correspondant, dans chaque pays, à la moitié du revenu individuel moyen. Selon qu'elle se situe en-deçà ou au-delà de ce seuil, une personne est considérée comme « exclue » ou non. Dès lors, l'exclusion semble être un processus purement économique, dû à un manque de ressources, lui-même souvent lié au chômage. Mais les choses ne sont pas si simples ; et cet indicateur monétaire est incomplet : rien n'y est dit sur l'écart entre les plus riches et les plus pauvres, ni sur ses variations. Au lieu d'aider à mieux comprendre, une vision faite seulement de chiffres élude certaines questions. De quoi des êtres humains sont-ils « exclus », et comment ? Suffit-il d'échapper à la pauvreté pour être déclaré « nanti » ?

Le champ des possibles

Le revenu monétaire ne constitue pas toute la richesse de la vie humaine ; son absence ne peut suffire à décrire les phénomènes de misère et d'exclusion, qui dépassent largement l'aspect économique. La « fracture sociale» n'est pas qu'une question d'argent. Entre « survivre tant bien que mal » et «mener une vie épanouie », il y a un fossé qui tient à l'éventail des décisions et des choix ouverts à chacun. Le Programme des Nations unies pour le développement (PNUD*, *voir* ci-contre à gauche) définit la pauvreté humaine comme « *la négation des opportunités et des possibilités de choix les plus essentielles – longévité, santé, créativité, mais aussi conditions de vie décentes, dignité, respect de soi-même et des autres, accès à tout ce qui donne sa valeur à la vie* ».

La pauvreté, une maladie mortelle

Dans le *Rapport sur la santé dans le monde : réduire les écarts* (1995), l'Organisation mondiale de la santé (OMS) passe en revue toutes les affections connues de la médecine. Sous le code Z 59.5, elle a classé «*la tueuse la plus impitoyable et la plus efficace, principale cause de souffrances sur cette terre : la pauvreté extrême*».

D'un pays à l'autre, d'un groupe de population à l'autre, les inégalités s'accroissent de manière dramatique. Mais elles ne touchent pas que le seul domaine monétaire : c'est plus largement la possibilité de choisir et de diriger sa vie, qui est mise en cause.

De la précarité
à la grande pauvreté

Se soigner, vivre
en famille,
se former, participer
à la vie sociale...
tout devient difficile dans la misère,
qui menace de nombreux aspects de la vie.
En s'aggravant et en se cumulant,
les précarités ont souvent un effet « boule
de neige ».

La précarité, absence de sécurité

Diverses formes de précarité existent, qui touchent
à tel ou tel domaine de la vie. Un adulte sans travail,
un enfant en difficulté à l'école, une famille vivant
dans un logement insalubre,
ou encore une mère qui, faute
d'argent, peine à nourrir
ses enfants : voilà des personnes fragilisées, confrontées
à des situations dont l'équilibre
est instable. Dans son avis
du 11 février 1987 (*voir* pp. 40-
41), le Conseil économique et
social français (CES*) a proposé
une définition de la précarité :
c'est « *l'absence d'une ou de plusieurs des sécurités
permettant aux personnes et familles d'assumer leurs
responsabilités élémentaires et de jouir de leurs droits
fondamentaux* ».

> ### Que signifie « précaire » ?
>
> Le terme, issu du latin juridique
> *precarius* (« obtenu par prière »),
> s'applique à un être ou à une situation
> dont l'avenir, la durée, la solidité
> sont incertains. La précarité
> économique et/ou sociale, à laquelle
> de nombreuses personnes sont
> confrontées, menace la construction
> d'une existence stable et sereine.

Un implacable mécanisme d'accumulation

Née d'un manque de sécurité, la précarité peut
concerner les ressources, le logement, le travail,
la santé, la formation... Mais « *quand elle affecte
plusieurs domaines de l'existence, qu'elle tend à se pro-
longer dans le temps et devient persistante* », le danger
qu'elle représente est multiplié, selon l'analyse

approches | hier et aujourd'hui | mobilisatio

> « Continuellement, nous devons nous occuper de notre logement, de la nourriture que nous devons trouver pour nos enfants et pour nous-mêmes. Sans cesse, nous nous demandons ce que nous allons faire pour que nos enfants puissent grandir bien. Tout cela forme un manteau de soucis qui nous empêche d'exercer des responsabilités. »
> Un participant africain au séminaire
> « Misère, déni des droits de l'homme »,
> organisé par l'ONU* en 1994.

du CES. Alors, un souci en créant un autre, il est de plus en plus difficile de faire face. À mesure que diverses formes de précarité s'accentuent, l'insécurité s'aggrave ; en s'enchaînant, les carences et les difficultés constituent une sorte de « cercle vicieux ». Lorsqu'elles perdurent au point de dominer l'existence tout entière de la personne, celle-ci est alors confrontée à la grande pauvreté, dont la conséquence ultime est l'exclusion*, c'est-à-dire la mise à l'écart de ceux qui en sont le plus touchés.

Se battre sur tous les fronts

D'après le CES, de tels mécanismes créent une situation qui « *compromet gravement les chances de reconquérir ses droits et de pouvoir à nouveau assumer ses responsabilités* ». Le sentiment d'insécurité et les problèmes se font harcelants ; chaque jour est un combat contre le découragement. Étudier dans un logement trop petit, être en bonne santé quand l'eau et la nourriture manquent, construire une famille alors que les enfants risquent d'être placés, trouver du travail sans savoir ni lire ni écrire, autant de défis quotidiens qu'il faut affronter à la fois. Les nombreuses dimensions du processus montrent qu'une solution partielle (un travail retrouvé, un relogement ou une allocation…) ne peut suffire à briser l'enfermement. Lutter contre cette spirale nécessite de s'attaquer à tous ses aspects, imbriqués les uns dans les autres.

> **De nombreuses personnes traversent, un jour ou l'autre, une situation difficile. Mais, quand les précarités de tous ordres s'amoncellent et se prolongent, l'insécurité oblige les plus meurtris à un combat permanent contre la grande pauvreté.**

Le développement humain en question

Dans les pays industrialisés comme dans ceux en développement, la misère touche des centaines de millions de personnes. Les contextes sont différents, mais l'enjeu est le même pour tous.

Partout dans le monde...

La misère n'est pas le triste privilège des pays de l'Est et du Sud. Dans les pays occidentaux, plusieurs millions de personnes sont sans abri, et près de 200 millions sont condamnées, par la dureté de leurs conditions de vie, à mourir avant 60 ans (source : PNUD*). Aux États-Unis, premier pays industrialisé, un habitant sur cinq vit en-deçà du seuil* de pauvreté. Dans les pays en développement, les trois cinquièmes de la population sont privés d'infrastructures sanitaires de base ; près d'un tiers n'a pas accès à l'eau potable. Et encore, ces chiffres sont certainement sous-estimés : éloignés des structures sociales, les plus pauvres sont souvent non recensés ; certains n'apparaissent même pas sur les registres d'état civil.

Les plus pauvres en première ligne

Sous diverses formes, tous les pays, riches et pauvres, sont confrontés à la même question cruciale : quelle possibilité est offerte à chacun de mener une vie digne de ce nom ? Le défi est commun, d'autant que les menaces qui pèsent sur les plus pauvres sont souvent semblables : partout dans le monde, les populations aisées accèdent mieux que les plus démunies aux services sociaux de base. Les catastrophes naturelles (comme le cyclone Mitch qui ravagea l'Amérique centrale à l'automne 1998), les conflits armés (par exemple dans les Balkans ; ou en Afrique, autour des Grands Lacs), la récession économique (depuis 1997, des centaines de millions de personnes

Pour une poignée de dollars...

L'investissement annuel nécessaire pour garantir un accès universel aux services sociaux de base (éducation, santé, nutrition, soin des femmes, eau potable) équivaudrait à seulement 40 milliards de dollars (0,1 % du revenu mondial). Par comparaison, la consommation de cigarettes en Europe atteint 50 milliards de dollars par an !
PNUD, *Rapport mondial sur le développement humain,* 1998.

approches | hier et aujourd'hui | mobilisatio

sont passées sous le seuil de pauvreté en Asie et en Russie) et l'épidémie de sida (particulièrement en Afrique sud-tropicale) frappent en premier lieu les plus défavorisés. Dans ce contexte, l'éradication de la pauvreté, déclarée objectif n° 1 pour la décennie 1996-2005 par l'ONU*, constitue une préoccupation mondiale majeure (*voir* pp. 32-33).

Dans tous les pays (comme ici aux Philippines en 1989), les populations les plus pauvres sont souvent reléguées dans des zones géographiques dangereuses, avec pollutions multiples, risque d'inondation, proximité d'usines, d'autoroutes ou de voies ferrées…

Développement durable et pauvreté

Un développement équitable nécessite de ne pas compromettre l'accès des générations futures aux ressources naturelles. L'activité industrielle et le gâchis résultant de la consommation effrénée, surtout dans les pays « développés », sont des causes majeures de pollutions diverses. Il en résulte, d'une part, une augmentation du volume des déchets et, d'autre part, la détérioration des ressources naturelles renouvelables. Ces deux facteurs affectent dangereusement les conditions de vie, déjà précaires, des populations les plus pauvres : selon le PNUD, la moitié des habitants de la planète vivent dans des zones écologiquement fragiles. La forte croissance démographique, notamment dans les pays en développement, accentue la pression de l'homme sur son milieu (déforestation, désertification, pollution des sols, de l'eau et de l'air). Ces défis, auxquels nous confronte une situation devenue désastreuse, ne pourront trouver de réponses que sur le long terme. L'éradication de la pauvreté est ainsi liée au développement durable*, dans ses dimensions environnementale et humaine.

> La pauvreté extrême sévit dans toutes les régions du monde. Nos choix environnementaux et sociaux mettent en péril de nombreux groupes humains et la planète elle-même. Cette situation représente un défi mondial majeur pour demain.

De l'esclavage antique aux jacqueries

Pendant des siècles, l'Europe s'est accommodée d'une stratification sociale où les plus faibles étaient souvent exploités, voire réduits en esclavage. Au Moyen Âge, la charité s'organise et l'assistance fait son apparition, mais l'errance, la famine et l'enfermement sont encore au bout du chemin.

Tableau *ci-contre :*
Famille de paysans,
Louis Le Nain
(1593-1648).
Musée du Louvre,
Paris.

Esclaves et serfs

Pour leur maître, les esclaves (du latin *slavus*, désignant à l'origine les Slaves captifs des Germains) étaient des « choses ». Au Moyen Âge, le serf (attaché à un lopin de terre) et son seigneur sont unis par une relation « contractuelle », un « lien d'homme à homme », fondé sur une totale dépendance de l'un contre la protection de l'autre.

Esclavages grec et romain

Cinq siècles avant J.-C., les Grecs créent à Athènes la première « démocratie » du monde, où les citoyens prennent part à la gestion et aux décisions politiques. Mais en réalité, le peuple n'est pas associé dans son ensemble à la vie de la cité. Seuls les hommes « libres », très minoritaires, se partagent le pouvoir et les richesses, à l'exclusion de la grande majorité de la population.

À Rome, même si l'accès aux droits civiques est plus ouvert, nombreux sont ceux qui en sont toujours privés. L'esclavage* reste un des piliers de l'édifice social antique, malgré quelques révoltes sanglantes, comme celle menée par Spartacus au Ier siècle av. J.-C.

approches · hier et aujourd'hui · mobilisation

Le haut Moyen Âge

À partir du VIIIe siècle, le servage, qui établit une sorte de contrat entre le serf et son seigneur (*voir* page de gauche), remplace peu à peu l'esclavage : le droit progresse. Mais, à cause de la famine, les pauvres peuvent rarement payer leur redevance aux seigneurs, et sont souvent condamnés à la fuite et à la mendicité. À la recherche d'un travail, n'ayant que leurs bras pour gagner leur vie, ils rejoignent dans leur errance des hordes de mendiants que les grandes invasions avaient fait déferler sur les routes d'Europe dès le Ve siècle. L'Église, identifiant le pauvre au Christ, encourage l'aumône qui « efface le péché ». Certaines abbayes accueillent ceux qui n'ont pas de toit (mendiants, infirmes, lépreux…), tandis que se développent après le VIe siècle maladreries, léproseries et « hôtels-Dieu » (établissements d'hébergement et de soins tenus par des membres du clergé).

Le temps des malheurs

Aux XIVe et XVe siècles, les catastrophes se succèdent : grande peste en 1347-1348, guerre de Cent Ans, augmentation des impôts, famines multiples. Les restrictions, la maladie et la guerre frappent en premier les plus vulnérables, et la pauvreté devient plus massive. Affamés, manquant de toute hygiène, les paysans appauvris se soulèvent : ce sont les « jacqueries* », vite réprimées dans le sang. La misère devient une tare suspecte, les pauvres font peur. Vagabondage et mendicité sont considérés comme des crimes, punis notamment par un édit datant de 1354. C'est le temps des asiles, des fameuses cours des miracles (ou « quartiers réservés ») et des hôpitaux généraux, qui ressemblent plus à des prisons qu'à des lieux de soins. La charité s'exerce envers les pauvres « connus », mais les vagabonds ou « gens sans aveu » (c'est-à-dire sans attache sociale) sont chassés, voire arrêtés et enfermés.

L'Église et les pauvres

Après le XIIe siècle, des hommes d'Église comme Dominique de Caleruega (1170-1221) posent un nouveau regard sur les miséreux ; François d'Assise (1182-1226) fonde un ordre monastique mendiant, prêchant la pauvreté ; et Thomas d'Aquin (1225-1274) explique qu'un débiteur insolvable est innocent.

> Au Moyen Âge, si l'esclavage antique a disparu en Europe, la misère touche encore une importante population, affaiblie par la faim et la maladie, acculée par la guerre à fuir sur les routes, et traquée par les pouvoirs en place.

1789 : vers une représentation des pauvres ?

L'attitude envers les pauvres évolue dans la France du XVIIᵉ siècle. Une compréhension des causes de la misère se dessine, annonçant les espoirs que soulèvera la Révolution...

Vincent de Paul

Né vers 1580, ordonné prêtre en 1600, il devient aumônier général des galères. La misère matérielle et spirituelle l'amène à fonder de nombreuses œuvres, dont celle des enfants trouvés. Tout en interpellant les puissants, il crée en 1633 l'institut des Prêtres de la Mission – ou lazaristes – puis, avec Louise de Marillac (1591-1660), la congrégation des Filles de la Charité. Il meurt en 1660.

Les États généraux

Sous l'Ancien Régime, le roi pouvait consulter la nation en convoquant les États généraux, procédure exceptionnelle qui réunit des représentants de toutes les provinces, appartenant aux trois ordres (clergé, noblesse, tiers état). La première assemblée de ce type se tint en 1347, la dernière en 1789.

Le XVIIᵉ siècle, entre charité et enfermement

À la fin de l'Ancien Régime, les aspects politiques et sociaux de la pauvreté commencent à être pris en compte. Sous l'influence de Vincent de Paul (*voir* ci-contre), de nombreuses congrégations charitables sont créées pour nourrir, soigner et éduquer les pauvres. Des écoles paroissiales gratuites sont ouvertes. « *Les pauvres sont nos maîtres* », dit Vincent de Paul, tandis que Jacques Bossuet (1627-1704) évoque « *l'éminente dignité des pauvres* ». Mais Jean-Baptiste Colbert (1619-1683), ministre de Louis XIV, généralise l'enfermement des mendiants et errants dans le but de supprimer les « désordres » causés par les pauvres. La mise au travail dans les hôpitaux généraux de cette main-d'œuvre bon marché contribue au développement des manufactures.

Le Quatrième ordre

À la veille de la Révolution, une nouvelle vie politique s'organise grâce à la réactivation des États généraux (*voir* ci-contre). Les Français s'assemblent pour rédiger les cahiers de doléances et élire leurs représentants. De nombreux cahiers décrivent le dénuement des gens du peuple. Dans le bailliage de Reims, par exemple, « *les sergers à façon (appelés aussi manœuvriers ou journaliers) constituent la classe la plus nombreuse et sont forcés de mendier.* » À Paris, un député, Louis-Pierre Dufourny de Villiers (1739-

vers 1797), se bat pour que les plus pauvres, totalement oubliés de cette consultation, soient représentés aux États généraux. Il demande que soit reconnu, en plus du tiers état, un Quatrième ordre*, « *celui des pauvres journaliers, des infirmes, des indigents, l'ordre sacré des infortunés* ». Voulant faire entendre leur voix, il diffuse les *Cahiers du Quatrième ordre*, mais cette entreprise ne rencontre qu'un faible écho.

Espoir et déception

L'Assemblée constituante proclame «l'égalité des droits » et fonde en son sein un comité de mendicité, qui énonce le « droit à la subsistance » pour tous et calcule le nombre de pauvres : de 2 à 5 millions sur une population de 25 millions de Français. Les députés tentent d'instituer un service public d'assistance, visant à remplacer la charité individuelle et les fondations. Il est également prévu d'organiser des ateliers publics pour donner aux pauvres la possibilité de travailler. Ces projets, pour diverses raisons, notamment économiques, n'ont guère abouti. Par ailleurs, l'Assemblée n'accepte pas que les pauvres participent à la vie publique : même si, dans un premier temps, la législative envisage d'établir pour les hommes le suffrage universel (droit de vote ouvert à tous), cet espoir est rapidement contredit par l'adoption du mode censitaire (où seuls ceux qui paient un impôt, le « cens », peuvent voter).

Gracchus Babeuf

Dans son journal *le Tribun du peuple*, ce révolutionnaire né en 1760 soutient que l'égalité civile et politique ne peut exister sans égalité économique rigoureuse, fondée sur la répartition. Pour la première fois, une analyse socialiste propose un réel programme de réformes. Babeuf meurt guillotiné pour terrorisme sous le Directoire, en 1797.

> Après les changements de mentalités du XVIIe siècle, la Révolution esquisse une vision politique de la pauvreté. Mais l'espoir que tous les citoyens participent à la vie publique est vite déçu.

Les laissés-pour-compte de la révolution industrielle

La révolution industrielle introduit au XIXᵉ siècle des bouleversements profonds dans les rapports qu'entretient la société avec ses membres les plus pauvres.

« *Détruire la misère !* *Oui, cela est possible.* *Les législateurs* *et les gouvernants* *doivent y songer* *sans cesse* [...] *Tant* *que le possible n'est* *pas fait, le devoir* *n'est pas rempli* [...] *Vous n'avez rien fait* *tant qu'il y a* *une partie du peuple* *qui désespère !* » **Victor Hugo (1802-1885), à l'Assemblée législative, 1849.**

Mutations industrielles et sociales

Au long du XIXᵉ siècle s'accentue le clivage, hérité de l'Ancien Régime, entre les corporations et les travailleurs non qualifiés, sans garantie d'emploi. Partout en Europe, l'industrialisation et l'urbanisation intensives favorisent l'apparition de la classe ouvrière, appelée prolétariat*. De rares enquêtes menées par des philanthropes* mettent en évidence les caractéristiques du paupérisme* : mauvaise santé, vie en taudis, longues heures de travail pour tous (hommes, femmes et enfants)… Des cités ouvrières surgissent dans toutes les régions minières (Birmingham, Roubaix, Saint-Étienne, la vallée du Rhin…). Les pauvres sont relégués dans les faubourgs et les banlieues, qui se multiplient. Les travaux du baron Haussmann (1809-1891) n'effacent pas tout à fait le Paris inquiétant des *Misérables* (1862) de Victor Hugo (*voir* ci-contre) ; les conditions de vie du petit peuple sont précaires, comme en témoignent les romans d'Émile Zola (1840-1902).

Des enfants au travail dans les mines de houille en Angleterre. Gravure du XIXᵉ siècle.

approches | hier et aujourd'hui | mobilisation

Nouveaux regards sur la misère

Très diverse dans ses formes, la condition ouvrière va mettre beaucoup de temps pour s'améliorer. À la fin du XIXᵉ siècle, le nombre d'indigents en France est encore évalué à un ou deux millions. La misère fait éclater les familles : de nombreux enfants errent, abandonnés. Avec la poussée démographique et le développement du machinisme, le nombre des travailleurs disponibles et celui des chômeurs potentiels, « armée de réserve du prolétariat », se multiplient. Karl Marx (1818-1883) parle même d'un *Lumpenproletariat**, ou « prolétariat en haillons ». Parallèlement, une réflexion s'engage, dans les milieux intellectuels et politiques, sur les moyens de combattre la pauvreté : certains prônent la philanthropie tandis que d'autres, notamment sous l'influence de Pierre Joseph Proudhon (1809-1865), veulent réformer les structures de la société. Malgré les réticences patronales, apparaissent alors les premières lois réglementant la durée journalière du travail, d'abord pour les enfants en mars 1841, puis pour tous : douze heures en septembre 1848, dix heures en mars 1900.

Avancées législatives

L'esclavage*, pratiqué à grande échelle depuis le XVIᵉ siècle en raison de la traite des Noirs, n'est définitivement aboli dans les colonies françaises qu'en 1848. Sous la IIIᵉ République (1870-1940) naît l'Assistance publique : c'est le droit de recevoir certaines formes d'aide pour les nécessiteux qui ne peuvent gagner leur vie par leur travail. D'autres mesures législatives prolongent ce premier geste envers les plus démunis. Jules Ferry (1832-1893), ministre de l'Instruction publique, organise, en 1881-1882, la scolarisation gratuite, laïque et obligatoire, qui deviendra un véritable instrument d'intégration sociale. Ces avancées sont très importantes ; cependant, elles ne touchent pas réellement les groupes les plus fragiles de la population, qui demeurent étrangers aux combats menés par la classe ouvrière.

> « *Le XIXᵉ siècle a été le premier à se poser le problème de "la pauvreté". C'est alors qu'on a commencé à parler de paupérisme ("état de grande pauvreté d'une population"). [...] On reconnaît alors que la pauvreté est une situation anormale. On commence à se demander comment arriver à son extinction.* » René Rémond, historien, cité dans *Si les gens savaient...*, Savoir Livre, 1994.

Un prolétariat apparaît et cherche à s'organiser ; l'Assistance publique et l'école obligatoire sont instituées : une nouvelle donne sociale est donc issue de la révolution industrielle. Cette évolution amorce une meilleure prise en compte des populations confrontées à la pauvreté.

Au temps des crises économiques

Au XXᵉ siècle, secoué par des crises et des guerres, de nombreux bouleversements économiques ont lieu en France comme dans de nombreux pays. À chaque fois, les plus démunis sont en première ligne et subissent le contrecoup des adaptations.

Vers un système de protection sociale

En France, la période qui s'ouvre après la Première Guerre mondiale se caractérise, pour le monde ouvrier, par la définition des règles du jeu syndical. Un système de protection sociale, chargé de verser des allocations aux travailleurs en cas de chômage, d'accident, de maladie ou de vieillesse, se met alors progressivement en place. Ce programme porte un coup sérieux à l'extension du paupérisme*. Mais le krach boursier de 1929, aux terribles conséquences économiques et sociales pour beaucoup de pays, met en cause ces fragiles acquis, en précipitant nombre d'ouvriers dans la misère. En 1936, le Front populaire fait voter des lois sociales : apparition des congés payés (quinze jours) et limitation de la durée hebdomadaire du travail à 40 heures.

Les « Trente Glorieuses* »

Après la Seconde Guerre mondiale, il faut rebâtir toute la société : c'est ce qu'amorce en France, par exemple, la création de la Sécurité sociale en 1945. Une dynamique de prospérité se développe alors, avec une arrivée massive de main-d'œuvre étrangère pour mener à bien la reconstruction du pays. Mais cette marche forcée vers la richesse ne sait pas mobiliser les potentialités des plus faibles, ceux dont la capacité à travailler est jugée insuffisante. L'abbé Pierre en dévoile les conséquences en 1954, dans un « appel » où il s'indigne de voir la société laisser

---

Hiver 1954, l'urgence

« Mes amis, au secours... Chaque nuit, ils sont plus de 2 000 recroquevillés sous le gel dans la rue, sans toit, sans pain [...] Devant cette horreur, les cités d'urgence, ce n'est même plus assez urgent [...] Devant leurs frères mourant de misère, une seule opinion doit exister entre hommes : la volonté de rendre impossible que cela dure. » **Extrait de l'appel de l'abbé Pierre, radiodiffusé le 1ᵉʳ février 1954.**

---

approches   hier et aujourd'hui   mobilisation

des hommes et des femmes dormir – et mourir – dehors (*voir* encadré). Trois ans plus tard, à Noisy-le-Grand (Seine-Saint-Denis), avec les familles d'un bidonville qui veulent voir leur dignité reconnue, le père Wresinski (1917-1988) fonde une association, qui deviendra le mouvement ATD Quart Monde (*voir* pp. 26-27). Malgré le mythe de la prospérité pour tous, la France découvre en son sein l'existence d'une population en grande détresse.

Paris, hiver 1954 : l'abbé Pierre, fondateur des Compagnons d'Emmaüs en 1949, ici en compagnie d'une personne sans logis.

Chômeurs et « nouveaux pauvres »

En 1974, le prix du pétrole augmente brusquement, ce qui plonge le monde industrialisé dans une grave crise économique et sociale. La période de croissance de l'après-guerre est terminée ; les entreprises se mettent à licencier, l'emploi est touché par la précarité, et la société affronte le choc du chômage de masse. Le marché du travail n'est plus capable d'assurer à tous activité et salaire décent, donc sécurité matérielle. Avec le chômage, la pauvreté s'installe de façon plus visible et touche de nouveaux groupes sociaux : c'est pourquoi le terme de « nouveaux pauvres » fait son apparition. Mais cette prise de conscience, liée à l'extension du chômage, passe sous silence le fait qu'une frange de la population a toujours été exclue, en termes de niveau de vie comme d'intégration culturelle.

> Les populations très pauvres ont été les premières victimes des crises et des conflits majeurs qui ont secoué le XXᵉ siècle. Au travers de ces soubresauts, une vérité se fait jour : la prospérité relative du plus grand nombre n'empêche pas l'exclusion de minorités fragilisées.

Aujourd'hui, l'ultralibéralisme

Dans les dernières années de ce siècle, un libéralisme* dur se développe, mettant à mal les acquis sociaux. La crise sociale qui en résulte actuellement prend une ampleur mondiale.

Après la chute du Mur...

1989 : le bloc soviétique s'effondre, révélant la faillite du système qu'il avait mis en place. Avec la chute de son ennemi, le modèle libéral anglo-saxon triomphe. Le capitalisme tente d'imposer au monde entier ses normes de développement économique. Dans cette perspective, la réussite sociale de chacun ne dépend plus que de ses propres efforts, sur fond de lutte entre concurrents. Le dogme de la libre entreprise met en cause la notion de justice sociale, soupçonnée d'entraver la prospérité. Des organisations d'opposants regroupent ceux qui sont écartés par le système économique (paysans sans terre, femmes, travailleurs précaires, chômeurs…). Mais promouvoir une lutte collective contre la pauvreté se heurte à l'idée de responsabilité individuelle, alibi de la théorie libérale.

Au nom du profit

Le principal moteur économique est la recherche de bénéfices immédiats, quels que puissent en être par ailleurs le prix humain et les conséquences à long terme. Les véritables enjeux ne sont plus dans l'économie réelle, mais à la Bourse. Le taux élevé du chômage rend possible un « chantage à l'emploi ». Tout doit être rentable, un employé comme une machine, un investissement privé comme une politique publique. Au nom du profit, il devient possible de licencier, de démanteler des services publics (notamment dans les domaines de l'éducation et de la santé). C'est au nom du profit que les capitaux spéculatifs ont déserté l'Asie du Sud-Est en 1997, puis la Russie en 1998,

approches   **hier et aujourd'hui**   mobilisation

provoquant dans ces pays une très importante crise sociale. Qui paiera le prix de ce désastre ? Jusqu'où les plus pauvres seront-ils acculés à davantage de sacrifices ?

Mondialisation et justice sociale

Internationalisation des marchés de la finance et du travail, obligation de s'adapter à la « loi du marché », développement du pouvoir des multinationales lié au déclin du rôle économique et social des États : tels sont les éléments de cette mutation sans précédent. Le marché étant conçu comme un « jeu », les résultats en sont forcément inégaux. Accepter la mondialisation telle qu'elle se présente, c'est admettre les inégalités. Chercher à les réduire, au nom de la justice sociale, apparaît comme une volonté de fausser le « jeu ». Mais cette conception abstraite des rapports sociaux est inacceptable ; les États comme les citoyens peuvent faire pression pour humaniser la mondialisation. Dans cette logique glaciale, en effet, la dignité de la personne humaine est battue en brèche, et les devoirs de la collectivité envers ses membres les plus vulnérables s'estompent. Les plus démunis sont donc au cœur de cette interrogation grave sur l'évolution de notre civilisation.

> **Les droits en danger**
>
> « *Pour que la cohabitation entre mondialisation et droits de l'homme soit harmonieuse,* [il faudra] *une active vigilance si l'on ne veut pas que les droits de l'homme courent le risque de ne plus être qu'un alibi cosmétique, de simple valeur éthique.* »
> Jacques Ribs, Commission nationale consultative des droits de l'homme, 1998.

Les zapatistes

Au Mexique, des paysans indiens très pauvres du Chiapas (État du Sud-Est du pays), regroupés au sein de l'Armée zapatiste de libération nationale, luttent pour les droits des minorités défavorisées. Leur combat s'est amorcé en réaction à l'Accord de libre-échange nord-américain, entré en vigueur en 1994, qui généralise la dérégulation économique au Canada, au Mexique et aux États-Unis (photo *ci-dessus*, la marche des zapatistes organisée à Mexico en 1997).

> La métamorphose actuelle de l'économie mondiale bouleverse les rapports sociaux et consacre la prééminence de l'argent. Dans ce contexte, la dignité humaine et les droits des plus pauvres sont trop souvent bafoués au nom du profit.

droits de l'homme | refuser la misère | approfondir

Le quart monde, d'un bidonville aux marches de l'ONU

Depuis la fin des années 1950, à l'appel de Joseph Wresinski et avec le soutien d'autres citoyens, des familles très démunies se sont peu à peu rassemblées en France puis au-delà au sein du mouvement ATD Quart Monde, pour faire valoir leur dignité et leurs droits.

Joseph Wresinski

Né en 1917 de parents immigrés, il devient prêtre après une enfance marquée par la misère. À son arrivée au camp d'urgence de Noisy-le-Grand, il décide de lier son existence à celle des déshérités. Fondateur du mouvement ATD Quart Monde, défenseur inlassable de la dignité et des droits de tout homme, il est nommé en 1979 membre du Conseil économique et social (CES*), où il siège jusqu'à sa mort en 1988.

« Ce jour-là, je suis entré dans le malheur »

En 1956, le père Wresinski (*voir* encadré et pp. 40-41), qui a lui-même grandi dans un milieu extrêmement pauvre, est envoyé comme aumônier dans un camp pour sans-logis à Noisy-le-Grand (Seine-Saint-Denis), près de Paris. Deux cent cinquante familles vivent là, dans des abris de fortune, appelés « igloos », dans le plus grand dénuement, abandonnées de tous. « *D'emblée, j'ai [...] été hanté par l'idée que jamais ces familles ne sortiraient de la misère aussi longtemps qu'elles ne seraient pas accueillies dans leur ensemble, en tant que peuple, là où débattaient les autres hommes.* » Joseph Wresinski voit la nécessité d'agir, collectivement et durablement, pour que ces familles soient les artisans de leur propre libération.

Reprendre espoir

Avec le père Joseph Wresinski, les familles du bidonville ouvrent dans le camp un jardin d'enfants, une

Le camp des sans-logis de Noisy-le-Grand, en Seine-Saint-Denis, pendant l'hiver 1968.

approches | hier et aujourd'hui | mobilisation

bibliothèque, un atelier de formation, etc., activités qui redonnent fierté, responsabilité et espoir, en rupture avec l'assistance classique. Alors que le placement des enfants déchire souvent les familles, un combat pour la vie familiale s'organise. Pour agir avec les personnes très démunies et comprendre les racines de la pauvreté, une association se crée en 1957, qui deviendra le mouvement ATD Quart Monde. Ses membres rejoignent des familles très pauvres dans d'autres quartiers d'Europe, puis à travers le monde. Le but est de détruire la misère, en prenant pour guides les plus pauvres eux-mêmes. Leur expérience et leur pensée, recueillies dans des lieux de misère, sont portées à la connaissance de tous. Prises de parole publiques et rassemblements internationaux structurent peu à peu la détermination des hommes et des femmes du quart monde à se faire écouter et à être utiles.

Interpeller des autorités morales et politiques

L'action des familles les plus défavorisées ne s'arrête pas là : avec le soutien de personnes engagées dans la durée à leurs côtés, elles se rendent en délégation auprès de hauts responsables politiques, tant en France que dans d'autres pays d'Europe. Elles expriment en ces occasions leur volonté d'être prises en compte comme partenaires pour établir une stratégie globale et concertée de lutte contre l'extrême pauvreté.

Des délégués du quart monde rencontrent également le pape Jean-Paul II (notamment en 1985 et 1989), ainsi que le Secrétaire général de l'ONU* (Javier Pérez de Cuellar en 1983, et Boutros Boutros Ghali en 1994, puis en 1996). À ce dernier, ils déclarent : « Nous voulons passer de l'ombre à la lumière. » Petit à petit, la voix des « sans-voix » se fait entendre ; la nécessité d'accorder une priorité à la lutte contre la misère est davantage reconnue.

Le quart monde

Créé en 1969, en référence au Quatrième ordre* (voir pp. 18-19), ce mot a d'abord voulu identifier les plus pauvres de tous les pays comme une population qui lutte quotidiennement contre sa condition. Peu à peu, les personnes vivant dans la pauvreté utilisent cette expression pour s'affirmer, avec celles qui les rejoignent, comme des défenseurs des droits de l'homme pour tous.

> Le combat initié, depuis la fin des années cinquante, par Joseph Wresinski entraîne une prise de conscience nouvelle : il faut créer la possibilité, pour les plus pauvres, de faire entendre leur voix dans les instances où se joue leur avenir.

Initiatives citoyennes pour un sursaut de solidarité

Par-delà la traditionnelle aumône, des citoyens, de plus en plus nombreux, choisissent de se rassembler autour des personnes et groupes défavorisés pour promouvoir et défendre leurs droits de diverses manières.

Venir en aide

Il y a toujours eu des hommes et des femmes pour venir en aide, sous une forme ou sous une autre, aux plus faibles de leur communauté. Aujourd'hui, à cause de l'évolution des structures sociales, l'entraide, qu'elle soit régulière ou occasionnelle, passe davantage par des œuvres privées ou publiques que par une relation directe entre individus, hormis celle qui caractérise le fugitif rapport mendicité/aumône. Les associations caritatives (Armée du Salut, Secours populaire, Secours catholique, Restos du cœur, Banques alimentaires…) et les centres communaux d'action sociale drainent encore une grande part des échanges nécessités par l'assistance. C'est à ces organismes que s'adressent spontanément ceux qui ne savent pas comment faire autrement, pour recevoir comme pour donner.

Se solidariser

L'époque récente a vu l'émergence de nouvelles formes de solidarité face à l'exclusion*, avec l'apparition de « communautés » (Emmaüs, fondé par l'abbé Pierre en 1949, *voir* pp. 22-23), de « mouvements » (ATD Quart Monde, en 1957), d'« associations » lancées par des chômeurs (Association pour l'emploi, l'insertion et la solidarité ; Agir ensemble contre le chômage ; Mouvement national des chômeurs et précaires), de « collectifs » constitués autour d'étrangers sans papiers ou de sans-abri (Droit au logement, Droits devant !!). Toutes ces démarches solidaires ont en

« *Plus il y a d'empêcheurs d'exclure en rond, mieux c'est. Chacun a ses spécificités, ses revendications propres. L'essentiel est de pouvoir se regrouper lorsqu'il le faut. De ce point de vue, je suis convaincu qu'il n'y a jamais eu autant d'efforts qu'aujourd'hui.* » Paul Bouchet, président d'ATD Quart Monde – France, *La Croix*, 17 novembre 1998.

approches | hier et aujourd'hui | mobilisation

commun de faire une place centrale aux personnes démunies : celles-ci deviennent actrices, avec d'autres, de la lutte pour l'accès égal à des droits fondamentaux.

Refuser la misère

Ces différentes initiatives citoyennes témoignent de la volonté de changement face aux situations de marginalisation et d'exclusion en France, ainsi que du refus de considérer qu'un tel processus soit fatal. Au cœur d'une société qui jouit globalement, malgré la crise économique, de conditions de vie nettement meilleures que celles de nombreux autres pays, une importante partie de la population est tout de même rejetée dans la précarité et la pauvreté. Si la participation sociale est inégalement répartie à l'échelle de la planète, elle l'est aussi, de façon tout aussi scandaleuse et de moins en moins tolérée par les citoyens, à l'intérieur des pays réputés les plus riches. Diverses par leurs formes et leurs objets, ces mobilisations citoyennes jettent les bases sur lesquelles pourra se bâtir un courant d'opinion fondé sur le respect du droit de chacun.

Photo *ci-dessous* : durant l'hiver 1997-1998, pour obtenir de meilleures conditions de vie, des organisations de chômeurs lancent en France une vague de manifestations, comme ici à Paris devant le siège du CNPF (Conseil national du patronat français), le 31 décembre 1997.

> **L'entraide, la solidarité et les actions collectives se multiplient autour des populations démunies, et avec elles. Dans le combat pour les droits et la dignité, la conscience des possibilités d'action de chacun s'élargit, créant les conditions d'une meilleure coopération.**

ES PATRONS
TROP VOLEURS
RENDEZ LE FRIC PIQUÉ
AUX CHOMEURS

droits de l'homme | refuser la misère | approfondir | **Combattre l'exclusion 29**

Prise en compte institutionnelle : de la réflexion à l'action

En raison de la récession économique, la pauvreté est devenue plus massive et visible en Europe depuis la fin des années 1970. Au-delà des instances traditionnelles d'aide et d'action sociales, les institutions publiques avancent progressivement vers une meilleure compréhension de la misère.

Se concerter pour mieux agir

C'est au niveau européen qu'est amorcée une première démarche expérimentale visant à enrayer la misère. En 1975, la Commission européenne de Bruxelles lance un programme quinquennal d'actions-pilotes de lutte contre la pauvreté, avec le concours de certains États membres et de quelques collectivités locales. Il s'agit d'impulser, sur un territoire donné ou dans un secteur d'activité, des « actions globales concertées ». Cela implique, pour les acteurs sociaux concernés, une mise en commun de leurs connaissances, de leurs moyens, de leurs objectifs et de leurs efforts respectifs. Afin d'apprécier la pertinence et les résultats de ce travail collectif, le programme comprend une évaluation périodique, destinée à tirer des enseignements qui permettront d'entreprendre une politique de plus grande ampleur.

La nécessité d'une politique

En France, le Conseil économique et social (CES*) est la première institution à se saisir des questions de lutte contre la pauvreté. Par trois rapports d'importance (désignés par le nom de leur auteur), il ouvre la voie à l'élaboration d'une stratégie politique

approches | hier et aujourd'hui | mobilisatio

en la matière. Le premier rapport – « La lutte contre la pauvreté », Henri Pequignot, 1978 – présente un constat des situations et des actions entreprises. Le deuxième – « Grande pauvreté et précarité économique et sociale », Joseph Wresinski, 1987 – innove en montrant que la misère est une violation des droits de l'homme. Le troisième – « Évaluation des politiques publiques de lutte contre la grande pauvreté », Geneviève de Gaulle-Anthonioz, 1995 (*voir* pp. 34-35) – met l'accent sur la nécessité d'établir un partenariat avec les populations les plus pauvres, pour concevoir, mettre en œuvre et évaluer les politiques publiques.

> « *Les situations de grande pauvreté [...] ouvrent un champ d'intervention pour tous les défenseurs des droits de l'homme. La demande [...] d'être respectés comme des êtres humains, émanant des personnes et familles luttant souvent seules pour cette reconnaissance, constitue déjà une raison de rejoindre et de renforcer leur combat.* »
> **Rapport *Grande pauvreté et droits de l'homme*, CNCDH, 1992.**

Une exigence éthique

De son côté, en 1988, la réflexion menée en France par la Commission nationale consultative des droits de l'homme (CNCDH*) intègre la misère parmi les exclusions* à combattre, au même titre que le racisme ou la xénophobie. Cette commission est composée de représentants des pouvoirs publics, des principales communautés confessionnelles, de syndicats et d'associations de défense des droits de l'homme. Par plusieurs avis et par son rapport « Grande pauvreté et droits de l'homme » (*voir* ci-dessus, pp. 4-5 et 6-7), elle contribue à convaincre qu'une démocratie se trahit si elle ne garantit pas le respect de l'égale dignité de tous les êtres humains et de leurs droits inaliénables, aussi bien civils et politiques qu'économiques, sociaux et culturels.

Sous l'effet de la crise, des institutions européennes et françaises considèrent peu à peu la misère et l'exclusion comme des atteintes aux droits fondamentaux, et recherchent les moyens d'y mettre fin.

Des nations unies pour le développement social

Depuis la fin des années 1980, la communauté internationale intègre les plus pauvres dans sa réflexion sur la misère. Des événements symboliques, des déclarations communes et des conventions témoignent de son engagement à combattre ce fléau.

L'extrême pauvreté se manifeste partout

La Déclaration universelle des droits de l'homme, adoptée en 1948, affirme déjà solennellement : « *L'avènement d'un monde où les êtres humains seront* [...] *libérés de la terreur et de la misère a été proclamé comme la plus haute aspiration de l'homme.* » Par la suite, les travaux du Fonds des Nations unies pour l'enfance (UNICEF*), de l'Organisation mondiale de la santé (OMS), de l'Organisation des Nations unies pour l'alimentation et l'agriculture (FAO), et de l'Organisation internationale du travail (OIT) amènent la communauté internationale à s'intéresser à la pauvreté dans le tiers monde. En 1987, une interpellation de Joseph Wresinski (*voir* pp. 26-27) devant la Commission des droits de l'homme de l'ONU* conduit celle-ci à prendre conscience que la grande pauvreté sévit dans tous les pays.

Lutte contre la pauvreté : une priorité mondiale

Au cours des années quatre-vingt-dix, pour enrayer les effets néfastes du libéralisme* économique, deux Secrétaires généraux successifs des Nations unies, Javier Pérez de Cuellar et Boutros Boutros Ghali (*voir* pp. 26-27), se mobilisent en faveur de la justice sociale. Sous leur impulsion, de grandes conférences internationales réunissent chefs d'État ou de gouvernement et ONG*, pour concentrer les énergies

approches | hier et aujourd'hui | mobilisatio

de tous sur de vraies priorités : l'environnement (Rio de Janeiro, 1992), les droits de l'homme (Vienne, 1993), l'avenir des populations (Le Caire, 1994) et le développement social (Copenhague, 1995, *voir* encadré). Ce dernier rendez-vous affirme la nécessité de mettre en

> **Droits, ressources et responsabilités**
>
> **Les chefs d'État et de gouvernement réunis à Copenhague (Danemark) se sont engagés à ce que les plus pauvres puissent « *exercer leurs droits, utiliser les ressources et partager les responsabilités qui leur permettent de vivre une vie satisfaisante et de contribuer au bien-être de leur famille, de leur communauté et de l'humanité* ».**
> **Déclaration finale du Sommet mondial pour le développement social, 1995.**

œuvre un développement durable* centré sur l'être humain. Dans la foulée, 1996 est décrétée «Année internationale pour l'élimination de la pauvreté», inaugurant une décennie du même nom (*voir* pp. 14-15).

L'Europe s'engage à son tour

En 1996, après plusieurs années de travaux, le Conseil de l'Europe* adopte une version révisée de la Charte sociale européenne*, dont la première version datait de 1961. Elle équivaut, pour les droits économiques et sociaux, à ce qu'est la Convention européenne des droits de l'homme* (entrée en vigueur en 1953), pour les libertés fondamentales. La nouvelle législation prévoit désormais un droit à la protection contre le risque de pauvreté et d'exclusion sociale* (article 30) et un droit au logement (article 31). Ce texte juridique est l'un des premiers, à l'échelon international, à aborder la pauvreté et l'exclusion sociale sous l'angle des droits de l'homme. Il améliore considérablement le contrôle des engagements contractés par les États signataires de la Charte sociale : un comité d'experts indépendants est chargé d'en évaluer l'application. De plus, par la procédure dite des « réclamations collectives », les ONG dotées du statut consultatif auprès du Conseil de l'Europe peuvent saisir la Cour européenne des droits de l'homme* contre un État.

Grâce à une réflexion menée en partenariat avec les ONG, grâce à la mise en place de nouvelles chartes ainsi qu'à la démocratisation des institutions, la lutte contre la pauvreté commence à faire partie des politiques européennes et internationales.

France : avancées législatives pour l'accès aux droits

L'élaboration, puis le vote par le Parlement français en 1998, d'une loi de lutte contre les exclusions marquent une étape majeure dans la mobilisation du corps social contre la pauvreté.

Photo *ci-contre* : en 1958, Geneviève de Gaulle-Anthonioz, ancienne résistante et déportée, rejoint ATD Quart Monde. Elle sera présidente de la branche française de ce mouvement de 1964 à 1998.

« *De nombreuses personnes* [...] *sont prêtes à investir leurs forces et leur intelligence pour que cessent enfin le rejet et l'humiliation que subissent tant d'êtres humains. Demain, plus que jamais, nous devrons, avec les plus démunis, créer l'unité entre tous et veiller à ce que la mise en œuvre de la loi contribue à cette unité en changeant les mentalités.* » Geneviève de Gaulle-Anthonioz, *La Croix*, 11 juillet 1998.

Vers une loi d'orientation

Dans le prolongement du rapport Wresinski (1987, *voir* pp. 40-41), et sous l'impulsion de Geneviève de Gaulle-Anthonioz (*voir* ci-contre), alors présidente d'ATD Quart Monde (*voir* pp. 26-27), le Conseil économique et social (CES*), entreprend,

entre 1992 et 1995, une évaluation des politiques publiques de lutte contre la grande pauvreté et recommande une meilleure cohérence de l'action publique. Dans le même temps, trente associations se réunissent dans le collectif Alerte* – issu pour une large part de l'UNIOPSS* –, mettent en commun leurs réflexions et proposent au pays un « Pacte contre l'exclusion* ».

D'autres associations comme Droit au logement (DAL) et divers mouvements de chômeurs interpellent l'opinion sur l'urgence d'agir (*voir* pp. 28-29). Le monde politique commence à se mobiliser, et quatre candidats à l'élection présidentielle de 1995 s'engagent à mettre en chantier une loi d'orientation.

approches   hier et aujourd'hui   mobilisati

Un impératif national

La discussion d'un premier projet de « loi d'orientation relative au renforcement de la cohésion sociale » est interrompue par la dissolution de l'Assemblée nationale en 1997. Avec, comme conséquence, la déception et l'humiliation pour ceux qui s'efforcent de résister à la misère et pour les associations engagées à leurs côtés. Mais le gouvernement suivant reprend le projet, élargi et renforcé.

Une « loi d'orientation relative à la lutte contre les exclusions » est enfin votée en juillet 1998 par l'Assemblée nationale (*voir* ci-contre). Élaborée en concertation avec des acteurs sociaux, la loi pose comme principe l'égale dignité de tous les êtres humains, et comme objectif l'accès de tous aux droits fondamentaux, dans les domaines de l'emploi, du logement, de la santé, de la justice, de l'éducation, de la formation et de la culture, de la protection de la famille et de l'enfance.

Applications concrètes

Accompagnement des demandeurs d'emploi (notamment les jeunes), lutte contre l'illettrisme*, le surendettement et les expulsions*, exercice de la citoyenneté, meilleure garantie des ressources minimales : telles sont quelques-unes des dispositions de la loi.

Mobilisant dix-neuf ministères, suivie de plus de cent textes d'application, elle s'appuie sur la conviction que, contre la misère, seule une stratégie globale, concertée et prospective est capable de faire changer les choses. Un Observatoire national de la pauvreté devra évaluer régulièrement l'application de ces mesures.

Attendue depuis longtemps, examinée avec attention par de nombreux autres pays, cette loi constitue un progrès vers la démocratie. Elle ouvre un chemin, plus qu'elle ne met un terme au combat pour les droits.

> *« La lutte contre les exclusions est un impératif national fondé sur le respect de l'égale dignité de tous les êtres humains et une priorité de l'ensemble des politiques publiques de la nation. La présente loi tend à garantir sur l'ensemble du territoire l'accès effectif de tous aux droits fondamentaux... »*
> Article 1ᵉʳ de la loi d'orientation relative à la lutte contre les exclusions, 29 juillet 1998.

> De nombreuses associations se sont concertées pour préparer et concevoir une loi de lutte contre les exclusions. Avec son adoption par le Parlement français, un cap important est franchi. Toutefois, une vigilance collective est nécessaire quant à la réalisation de ses objectifs.

L'égale dignité de tous les êtres humains

La dignité absolue de tout homme est souvent réaffirmée, mais son respect est encore loin de se traduir dans la réalité.

La violence du mépris et de l'indifférence

Parce qu'elle entraîne une perte de confiance en soi, parce qu'elle empêche de tenir ses responsabilités familiales et sociales, parce qu'elle plonge ceux qui la subissent dans l'exclusion* et dans l'oubli, la misère est une violence. Trop souvent, ceux qui la subissent sont désignés par des « étiquettes » collées sur leurs points faibles (chômeurs de longue durée, Rmistes*, SDF*, handicapés sociaux, parents incapables...). Les règles de vie en société, faites pour protéger et relier, finissent par séparer

> **Besoin de dignité**
>
> « *Ce n'est pas tellement de nourriture, de vêtements qu'avaient besoin tous ces gens, mais de dignité, de ne plus dépendre du bon vouloir des autres.* »
> Joseph Wresinski, à propos du bidonville de Noisy-le-Grand (Seine-Saint-Denis, *voir* pp. 26-27).

et humilier. « *Avoir faim, ne pas savoir lire, manquer d'argent ou de travail, là n'est pas la plus grande souffrance : mais plutôt dans le fait de s'en savoir privé par le mépris et l'indifférence, d'être assisté, humilié, compté pour nul.* » (Joseph Wresinski, *voir* encadré ci-dessus). La question du non-respect des plus pauvres est un repère pour mesurer la violence des rapports sociaux.

Un concept juridique essentiel

Il ne suffit pas de rappeler la valeur « morale » du respect dû à tout être humain. Pour que ce respect soit

approches | hier et aujourd'hui | mobilisatio

garanti à chaque citoyen, il lui faut d'abord acquérir une valeur de portée « constitutionnelle ».

« *Les hommes naissent et demeurent libres et égaux en droits.* » Après la Déclaration des droits de l'homme et du citoyen de 1789, la Déclaration universelle des droits de l'homme de 1948 va plus loin : « *Tous les êtres humains naissent libres et égaux en dignité et en droits.* »

Dès lors, un fondement est donné à l'organisation de la vie sociale : l'égale dignité. En découle le principe de non-discrimination : tout être humain, quel qu'il soit, est égal à un autre.

Vers une application effective des droits

Cette égale dignité suppose l'accès aux mêmes droits considérés comme fondamentaux : droit à des moyens suffisants d'existence, au travail, au logement, aux soins, à l'éducation, à la justice et à une vie familiale.

Ces droits doivent être établis par des lois et réellement pris en compte pour tous, notamment pour ceux qui en sont le plus privés. Seul leur exercice effectif et intégral peut garantir le respect de l'égale dignité de tous.

En finir avec la violence sociale nécessite que les lois, leur application et leur interprétation, ainsi que notre pratique quotidienne, soient au service des plus démunis. Alors, une chance est offerte à tous de devenir citoyens à égalité.

> **Les droits de l'homme sont fondés sur la notion essentielle de l'égale dignité de chacun. Afin que celle-ci soit non seulement reconnue, mais réellement respectée pour tous, elle doit être garantie et protégée par la loi.**

Des droits multiples, issus d'une exigence unique

Adoptée à la suite de la Seconde Guerre mondiale et de ses horreurs, la Déclaration universelle des droits de l'homme expose ce que signifie « appartenir à la famille humaine ». Elle donne un cadre aux rapports qu'entretient la société avec chacun de ses membres.

« Sans logement, sans eau potable, sans une nourriture suffisante, sans travail, sans ressources minimales, il n'est pas possible d'être en bonne santé, de veiller à ce que les enfants aillent à l'école, de participer aux activités locales, ni au processus politique en tant que citoyen, ou même de voir sa vie de famille respectée. » **Un participant au séminaire de l'ONU, « Misère, déni des droits de l'homme », 1994.**

Différentes catégories de droits

À l'instigation de René Cassin (1887-1976, *ci-dessous*) et d'Eleanor Roosevelt (1884-1962, *ci-contre page de droite*), la Déclaration universelle des droits de l'homme, adoptée le 10 décembre 1948 par l'Assemblée générale des Nations unies, consacre l'indivisibilité et l'interdépendance de tous les droits. Cependant, l'habitude a été prise de distinguer les droits de l'homme, protégés depuis 1966 par deux Pactes internationaux distincts, en deux grandes familles.

– Les droits civils et politiques protègent l'être humain comme citoyen : libertés d'opinion et d'expression, de religion et de conscience, d'association et de réunion, droits à la vie, à la liberté physique, à un traitement humain, à un procès équitable.

– Les droits économiques, sociaux et culturels concernent les conditions de vie : droits au travail, au salaire, aux loisirs, à l'éducation, à la santé, au logement, à une vie familiale.

Des droits indivisibles

Certains droits ont été historiquement privilégiés selon le type de société. Ainsi, les droits civils

et politiques ont traditionnellement été mis en valeur dans les démocraties occidentales (à l'ONU*, la Chine n'a signé le Pacte concernant ces droits qu'en 1998, parce qu'il est plus contraignant que la Déclaration universelle) ; tandis que les droits économiques, sociaux et culturels ont été à l'honneur dans les pays d'inspiration communiste (les États-Unis n'ont toujours pas signé le Pacte à leur sujet). Mais cette distinction met en cause l'existence même des droits de l'homme, car tous sont issus d'un même principe : l'égale dignité de tous les êtres humains (*voir* pp. 36-37). Et l'enchaînement des précarités (*voir* pp. 12-13) met en évidence l'indivisibilité et l'interdépendance des droits. Priver une partie de l'humanité de certains de ses droits équivaut à les dénier tous.

Le droit d'être un homme

La Déclaration de 1948 est porteuse d'un projet global fondé sur une norme commune à tous les hommes. L'ensemble des différents droits qui y sont affirmés reflète ce qu'il y a d'universel en chacun de nous, et qui peut se résumer ainsi : tout homme a le droit d'être un homme, et d'être traité en tant que tel. Pourtant, les personnes qui vivent dans l'extrême pauvreté sont fréquemment victimes de discrimination, tenues à l'écart, et non reconnues comme des sujets de droits, dignes de partage et de participation. Mais aucun être humain ne peut se résoudre à accepter ce mépris et ce rejet perpétuels, qui bafouent son humanité.

« *On ne peut faire progresser les droits de chacun à l'éducation, aux soins, sinon par l'exercice des droits politiques. Et que reste-t-il du droit à la santé ou au travail pour celui qui est jeté au goulag ou torturé pour ses opinions politiques ? Les droits de l'homme ne peuvent s'exercer pleinement qu'à la condition d'être universels et indivisibles.* »
Robert Badinter,
Le Monde,
10 décembre 1998.

> **Tous les droits de l'homme – civils, politiques, sociaux, économiques et culturels – sont liés. La violation d'un seul d'entre eux porte atteinte à leur ensemble, et à la dignité de tous les hommes.**

Le rapport Wresinski, un événement fondateur

Inspiré par la vie de personnes très pauvres, le rapport Wresinski au Conseil économique et social a permis de mieux comprendre l'enchaînement des précarités.

Une démarche novatrice

En février 1987, le Conseil économique et social (CES*), troisième Assemblée française, fait des recommandations au gouvernement sur la base du rapport «Grande pauvreté et précarité économique et sociale» (*voir* pp. 30-31), rédigé sous la direction de Joseph Wresinski, membre du Conseil et fondateur d'ATD Quart Monde (photo *ci-dessus* et *voir* pp. 26-27).

S'appuyant sur des exemples précis, ce rapport prend en compte le savoir et les aspirations de personnes en situation de grande pauvreté.

Pour la première fois, celles-ci ont été associées à une réflexion institutionnelle qui les concerne particulièrement. L'avis formulé par le Conseil fait des propositions destinées à étayer une politique ambitieuse de lutte contre la pauvreté.

Jalons pour une stratégie plus ambitieuse

Fruit de cette démarche originale, le rapport développe une vision nouvelle du combat contre l'extrême pauvreté. La misère est une violation des

approches | hier et aujourd'hui | mobilisatio

droits de l'homme, menaçant la dignité de chacun et sa capacité à être membre de sa communauté. Lorsque des personnes très pauvres évoquent leur situation, il apparaît clairement qu'elles sont soumises à un enchaînement de précarités (*voir* pp. 12-13), se renforçant mutuellement, de plus en plus difficiles à surmonter.

Décrit pour la première fois avec netteté, ce processus met en évidence les principes d'indivisibilité et d'interdépendance des droits de l'homme (*voir* pp. 38-39).

Dès lors, une stratégie globale, élaborée, mise en œuvre et évaluée en partenariat avec les plus pauvres, se révèle incontournable, pour mettre fin aux violations des droits.

Photo page de gauche : le père Joseph Wresinski qui, ayant grandi lui-même dans la misère, a consacré sa vie à la lutte contre la grande pauvreté.

Des prolongements politiques

Diffusé à un grand nombre d'exemplaires, ce rapport est très vite devenu une référence en matière de lutte contre la misère et l'exclusion* tant pour les associations que pour les responsables politiques. L'aspect novateur de sa démarche, la justesse de ses vues et la force de ses propositions ont soulevé un important écho dans de nombreux pays d'Europe et d'ailleurs, ainsi que dans la réflexion de plusieurs instances internationales.

En France, il a notamment été à l'origine de la loi instaurant le Revenu minimum d'insertion (RMI*) en 1988.

Par la suite, dans le prolongement de ce premier pas franchi en 1987, une « Évaluation des politiques publiques de lutte contre la grande pauvreté » (rapport au CES, par Geneviève de Gaulle-Anthonioz, 1995, *voir* pp. 30-31), s'appuyant sur des enquêtes menées auprès de personnes très démunies et d'acteurs sociaux engagés auprès d'elles, a servi de socle pour la préparation du projet de loi d'orientation contre les exclusions, dont la nécessité était exposée dès le rapport Wresinski.

1987 : avec l'adoption du rapport Wresinski, la misère est définie pour la première fois comme une atteinte aux droits de l'homme. Sur cette base, de nouvelles initiatives politiques vont pouvoir être lancées, dans le but d'enrayer les phénomènes d'exclusion.

Le rapport Despouy, un événement de portée mondiale

Le rapport de Leandro Despouy, « Droits de l'homme et extrême pauvreté » (ONU, 1996), marque, neuf ans après le rapport Wresinski, une étape essentielle dans la prise de conscience internationale.

L'ONU à l'écoute des plus pauvres

Interpellée en 1987 par Joseph Wresinski (*voir* pp. 40-41), la Commission des droits de l'homme de l'ONU* inclut peu à peu dans sa réflexion les questions relatives à la misère. Un diplomate argentin, Leandro Despouy, est chargé en 1994 d'établir un rapport pour « *tirer profit de l'expérience et de la pensée des plus pauvres et de ceux qui sont engagés à leurs côtés pour une meilleure connaissance de l'extrême pauvreté ; mettre en évidence les efforts des personnes très pauvres pour pouvoir exercer leurs droits et participer pleinement aux développements de la société où ils vivent ; faire ressortir les conditions permettant à ces familles de devenir partenaires dans la réalisation des droits de l'homme* ».

Pour élaborer son rapport, Leandro Despouy (*à droite sur la photo*) a recueilli la parole et la réflexion de personnes touchées par la misère (ici, auprès de délégués de l'Université populaire Quart Monde, dans le Val-d'Oise en 1995).

approches   hier et aujourd'hui   mobilisation

Pour une approche juridique de l'extrême pauvreté

Un double cercle vicieux – horizontal (le cumul des précarités) et vertical (la misère se perpétue de génération en génération) – est décrit dans ce rapport. L'une de ses caractéristiques est qu'il a été écrit en lien avec des ONG* engagées auprès de populations victimes de la misère et de l'exclusion sociale*. Cherchant par cette méthode non pas à savoir ce que gagnent les gens mais à comprendre ce qui leur arrive réellement, le rapport démontre que la question fondamentale est l'exercice réel et effectif, par les personnes extrêmement pauvres, de l'ensemble des droits de l'homme et des libertés fondamentales. Car la persistance de diverses formes d'insécurité dans de nombreux domaines de la vie correspond, sur le plan juridique, à la négation absolue des droits les plus élémentaires de l'être humain.

Comme l'esclavage, comme l'apartheid...

« La misère est le nouveau visage de l'apartheid », disait Nelson Mandela au Sommet mondial pour le développement social de Copenhague (1995, voir pp. 32-33). Esclavage*, apartheid, misère : le rapport Despouy souligne le dénominateur commun de ces trois systèmes.

Leurs conséquences (conditions de vie lamentables, souffrances, déchéance) sont souvent mises à la place de leur vraie cause (la privation des droits), et viennent presque la justifier. Or, c'est bien la négation subie de sa dignité qui conduit une partie de la population à sa mise à l'écart. Avec l'engrenage infernal des discriminations, tout se passe comme si certains êtres humains ne méritaient pas un traitement égal à celui des autres. Ainsi, à l'instar de l'abolition de l'esclavage et de l'apartheid, restituer aux plus démunis l'exercice de leurs droits devrait permettre que plus aucun être humain ne soit défiguré par la misère.

« Comme les esclaves, comme les Noirs sous l'apartheid, [les très pauvres] sont dépossédés de tous leurs droits humains. Avec cette différence cependant : l'esclavage fut contesté et combattu, l'apartheid fut rejeté et défini comme un crime contre l'humanité, tandis que la pauvreté se perpétue au milieu de nous dans une indifférence largement répandue. »
Pierre Sané,
Secrétaire général d'Amnesty International,
revue *Quart Monde*, **décembre 1998.**

Avec l'adoption du rapport Despouy, la jouissance des droits de l'homme pour tous est davantage reconnue par la communauté internationale comme le but prioritaire à atteindre.

S'unir pour les droits de l'homme

Reconnaître la dignité de ceux qui souffrent de misère et d'exclusion, cela signifie écouter leurs témoignages, reconnaître leur courage et s'unir avec eux.

« Là où des hommes sont condamnés à vivre dans la misère, les droits de l'homme sont violés. S'unir pour les faire respecter est un devoir sacré. »
Joseph Wresinski. Texte gravé sur la dalle du Trocadéro en 1987 à Paris, en face de la Tour Eiffel.

En l'honneur des victimes de la grande pauvreté

À l'instigation de Joseph Wresinski, fondateur du mouvement ATD Quart Monde (*voir* pp. 26-27), une « dalle en l'honneur des victimes de la misère » a été inaugurée le 17 octobre 1987, sur le Parvis des Libertés et des Droits de l'homme au Trocadéro à Paris. Sur cette dalle est gravé un texte qui lance un appel à s'unir pour défendre les droits de ceux qui subissent la faim, l'ignorance et la violence. Symbolisant le refus des conditions de vie intolérables faites aux plus pauvres, c'est un lieu de mémoire et de solidarité, où chacun peut renouveler son engagement à agir pour le respect de la dignité de tout homme.

Une Journée mondiale du refus de la misère

Dans plusieurs pays, des gens très pauvres et d'autres qui, comme eux, refusent la fatalité de la misère ont commencé à se rassembler, le 17 octobre de chaque année, pour réaffirmer leur détermination à faire respecter la dignité et la liberté de tous :

approches | hier et aujourd'hui | mobilisation

la Journée mondiale du refus de la misère était née. En 1992, l'Assemblée générale de l'ONU* proclame le 17 octobre « Journée internationale pour l'élimination de la pauvreté ».

Depuis, les initiatives pour célébrer cette journée, en particulier par des témoignages de personnes très démunies, manifestant leur désir d'être entendues et reconnues, ne cessent de se multiplier dans le monde, unissant des États, des collectivités locales, des associations et des citoyens de tous les horizons.

> « Pour nous, l'avenir, qu'est-ce que c'est ? Sans argent, sans travail, on n'est pas libre, on ne peut rien faire. Si tu as un travail, tu peux être fier, tu n'as plus peur de rencontrer les autres. Mais quand tous les gens que tu connais ont aussi des problèmes, à la fin, tu as la tête complètement prisonnière.
> Tous, nous pouvons nous en sortir. Nous avons tous en nous de l'espoir et de la volonté. Il faut nous aider. »
> **Témoignage d'un groupe de jeunes de Bordeaux, 17 octobre 1997.**

« Millions d'hommes, de femmes et d'enfants [...] dont l'esprit se révolte contre l'injuste sort qui leur fut imposé, dont le courage exige le droit à l'inestimable dignité ; je témoigne de vous, qui ne voulez pas maudire mais aimer, travailler et vous unir pour que naisse une terre solidaire. »
Joseph Wresinski, 17 octobre 1987.

Des jeunes contre l'exclusion

Qu'ils subissent la pauvreté ou non, qu'ils soient exclus ou favorisés, chômeurs ou étudiants, des jeunes de toutes cultures et de tous milieux tentent d'agir ensemble pour faire bouger la société. Certains d'entre eux se mobilisent dans le mouvement Jeunesse Quart Monde, pour être entendus et respectés, et pour que cesse la misère. Ils cherchent à faire tomber les préjugés et les barrières de l'exclusion sociale*, à mettre en commun leurs expériences et leurs espoirs, à tisser des liens avec tous ceux qui s'engagent auprès des plus pauvres. Pour bâtir un monde plus humain et solidaire, ils se donnent comme moyens une meilleure connaissance mutuelle, le partage du savoir, la participation à des chantiers, l'entraînement à l'expression publique, l'accès aux techniques modernes de communication, la création artistique…

> **Se rassembler autour du message de la dalle du Trocadéro, lors de la Journée mondiale du refus de la misère, rejoindre d'autres jeunes qui s'engagent dans une solidarité avec les plus exclus, c'est déjà manifester sa volonté de ne laisser personne hors société.**

« *Pas la pitié, mais la justice !* »

Parce qu'elle défigure des êtres humains, qu'elle s'attaque au lien social, et que les réponses qui lui sont apportées se limitent trop souvent à l'assistance, l'exclusion met en cause la notion de justice.

Le vrai visage de la misère

« Les riches ont tiré sur les pauvres un rideau sur lequel ils ont peint des monstres », écrivait en 1889 Charles Booth, sociologue anglais (1840-1916). Aujourd'hui encore, nous méconnaissons les personnes vivant dans une extrême pauvreté. Nous les croyons condamnées à une vie de misère (et c'est, en réalité, cette conviction qui les condamne). Au risque d'être déstabilisés, il nous faut apprendre à voir l'humanité de ceux qui sont aujourd'hui cachés derrière le masque de la misère. Plus d'un milliard de personnes à travers le monde se battent chaque jour pour subvenir aux besoins les plus élémentaires de leur famille. Par ces efforts déployés au quotidien pour rester en vie, par cette résistance permanente à la misère, elles se hissent au rang de défenseurs des droits de l'homme.

Exclusion, justice et lien social

La clé du lien social réside dans le fait de vouloir vivre ensemble. C'est précisément cette volonté de « faire société », fondement de la démocratie, qui est mise à mal par l'exclusion*. Les droits ne prennent sens et valeur qu'au sein d'une communauté, car ils sont avant

« Faute d'un développement socio-économique suffisant, l'essor de la démocratie reste hautement fragile, au point que s'affirme le risque qu'il puisse s'inverser. Quand règnent la faim, la maladie, l'ignorance, la participation des citoyens aux décisions se révèle symbolique ou inexistante ; les institutions démocratiques se réduisent à des coquilles vides. » Federico Mayor, *Le Courrier de l'Unesco**, mars 1999.

Photo *ci-contre* : en avril 1999, des universitaires et des militants d'ATD Quart Monde (personnes ayant connu la misère et volontaires permanents) témoignent de leur travail commun lors d'un colloque à l'université de la Sorbonne à Paris.

Jacques FIERENS · approches · hier et aujourd'hui · Jean-Marie LEFEVRE · mobilisation

tout un droit à l'identité et à l'humanité. Or, nous n'avons d'identité satisfaisante que si l'autre nous identifie comme être humain, c'est-à-dire s'il nous reconnaît comme son égal, et nous accepte par conséquent comme partenaire. Au plus bas de l'échelle sociale, une partie de la population se voit refuser cette reconnaissance. L'identité réelle des hommes et des femmes très pauvres est oblitérée. Derrière l'exclu, l'exigence de justice nous pousse à reconnaître l'homme.

> **Travailler et penser ensemble**
>
> Tel a été le défi proposé à des universitaires et à des personnes en grande pauvreté, réunis dans le programme « Quart Monde – Université ». Pendant deux ans, de 1996 à 1998, les trente-six participants ont cherché à élaborer un savoir commun, autour de cinq thèmes : histoire, famille, travail et activité humaine, savoirs, citoyenneté. La démarche de ce programme et ses résultats (sous la forme de cinq mémoires) font l'objet du livre *Le Croisement des savoirs. Quand le Quart Monde et l'Université pensent ensemble,* Quart Monde/Atelier, 1999.

Au-delà de l'assistance, le partenariat

Les attitudes traditionnelles, face à la misère, consistent à venir en aide à ceux qui sont supposés ne pas avoir les moyens ou l'énergie de « s'en sortir » par eux-mêmes. L'aumône individuelle, le don, l'aide sociale ou institutionnelle, actions légitimes et nécessaires, mais non suffisantes, procèdent d'un même fonctionnement vertical : se pencher sur les plus faibles, dans le but de les aider à résoudre leurs difficultés, par compassion ou par compensation, mais sans les consulter. En réduisant leur autonomie et leur capacité d'agir, cette forme de solidarité enferme les bénéficiaires dans un statut de personnes à charge, et leur fait donc violence. Or, les personnes en grande pauvreté témoignent de leur volonté d'être considérées comme des citoyens à part entière, partenaires du pacte social. « *Ce que nous voulons* », disent-elles, « *ce n'est pas la pitié, mais la justice !* »

Même malmenée par l'exclusion, la volonté de vivre ensemble demeure un levier pour faire progresser la démocratie. Afin que cet idéal devienne réalité, il apparaît aujourd'hui nécessaire de considérer les plus pauvres comme des partenaires avec qui s'associer.

Denise BERNIA   Françoise FERRAND   Pierre MACLOUF

« *La misère n'est pas fatale* »

L'immense défi de l'exclusion ne doit pas nous faire baisser les bras. En cherchant à comprendre pour mieux agir, chacun de nous peut, modestement, faire bouger les choses autour de lui.

Refuser la résignation

Alors que l'environnement social considère rarement la solidarité avec les plus faibles comme une priorité, il est difficile de résister à un sentiment d'impuissance, et de percer une brèche dans le fatalisme ambiant. Dans un monde pressé où une action n'est valable que si elle a des résultats rapides, concrets et spectaculaires, comment entrer dans une lente transformation personnelle et sociale, dont les effets libérateurs sont à plus long terme ? Petit à petit, sans bruit mais avec un impact réel, des citoyens réussissent malgré tout à faire progresser la cause des plus démunis ; des personnes amènent leur communauté ou leur institution à établir une relation avec ceux qui en sont exclus. Car c'est bien de cela qu'il s'agit : croire, contre tout découragement et tout échec, qu'il est possible de bâtir, par-delà les frontières sociales, une alliance entre exclus et non-exclus.

Faire alliance avec les plus démunis

Ne pouvant accepter la misère, de nombreux citoyens agissent pour faire progresser la justice dans la société. Parmi eux, les « alliés » d'ATD Quart Monde s'engagent à se former à la connaissance de la grande pauvreté, à témoigner des aspirations des plus pauvres et à intervenir au cœur de leurs milieux sociaux et des institutions où ils sont présents.

« Avec d'autres mères de ma cité, on a créé une association pour aider les enfants dans leur scolarité. On essaie de faire un pont entre les familles et l'école, la mairie, l'office d'HLM... Beaucoup [...] se sentent mal à l'aise face à ces interlocuteurs qui ne les comprennent pas davantage. Récemment, un instituteur s'inquiétait d'un gamin qui aurait sûrement besoin d'un soutien psychologique, mais il ne savait comment le faire comprendre à la famille. Alors, nous avons averti l'une des amies de la maman qui peut l'aider à faire la démarche. Mon rôle consiste à chercher le bon interlocuteur. »
Anne-Marie D., 17 octobre 1996.

approches | hier et aujourd'hui | mobilisation

Détruire les préjugés

La lutte contre la misère relève de la mobilisation de tous ; cependant, la bonne volonté ne suffit pas. Comment ne pas être désemparé, face à des personnes que le rejet, l'humiliation et les échecs répétés ont durement éprouvées ? Pour briser les barrières de l'appréhension et des préjugés, la formation des professionnels et des bénévoles qui travaillent en lien avec les personnes en situation de grande pauvreté, mais aussi celle de tous les citoyens, est fondamentale. Nous avons besoin de comprendre les mécanismes de l'exclusion* pour pouvoir les enrayer. Dans ce but, décrypter l'image que les médias présentent des plus démunis, lire témoignages et réflexions, et s'engager dans une association sont d'excellents outils. La capacité de chacun à entrer en dialogue avec les exclus dépend des moyens que nous nous donnons pour rendre possible une compréhension mutuelle.

Agir à tous les niveaux

« *La misère n'est pas fatale. Elle est l'œuvre des hommes ; seuls les hommes peuvent la détruire.* » Ces mots de Joseph Wresinski (*voir* pp. 26-27) nous poussent à revenir sur nos démissions. Mais comment relever ce défi ? Des citoyens ordinaires peuvent-ils créer ou recréer des liens sociaux ? Oui, à condition de savoir que cela n'est possible qu'avec le concours actif de ceux qui étaient abandonnés hors cité, en reconnaissant leurs efforts quotidiens pour garder la tête haute et en nouant avec eux des liens durables de confiance. D'autre part, s'il est indispensable d'agir au niveau politique pour que changent les conditions de vie des personnes très pauvres, nous devons aussi – et nous pouvons – agir dans notre vie quotidienne pour faire changer les mentalités de nos proches (famille, amis, école, quartier, travail, club sportif, syndicat, association…). Tout cela nécessite patience et ténacité.

> Si nous luttons contre
> les préjugés,
> si nous acceptons
> de rejoindre
> les plus pauvres
> dans leur refus
> de la fatalité,
> si nous faisons
> exister
> leur combat dans
> notre propre vie,
> la misère peut
> être vaincue.

Atteindre les plus pauvres

Les populations les plus pauvres sont souvent aussi les plus isolées et les plus éloignées des centres d'intervention. Pour les toucher réellement, les programmes de développement, tout comme les politiques publiques, doivent adopter une méthodologie appropriée.

Une population difficile à rejoindre

Plus encore que la pauvreté conjoncturelle, l'extrême pauvreté permanente touche des populations qui demeurent aujourd'hui encore très mal connues. Pilotée par le Conseil économique et social français (CES*), l'évaluation des politiques publiques de lutte contre la grande pauvreté a montré que peu de personnes en sont totalement exclues, mais que rares sont celles qui en bénéficient durablement et de manière cohérente. Il est apparu aussi que certaines mesures de lutte contre la pauvreté ne prennent pas en compte les plus démunis, et que d'autres, conçues à partir d'eux, leur échappent progressivement. Ainsi, il existe un risque, même dans le cadre de la lutte contre la misère, de laisser sans soutien certains groupes ou familles.

Une expérimentation pour mieux comprendre

Dans les années 1980, des agences de l'ONU* constatent que, malgré d'indéniables progrès (surtout en direction des enfants et des mères), les 20 % les plus pauvres de la population mondiale sont difficilement, voire pas du tout, touchés par des programmes de développement en principe destinés à tous. En 1992, l'UNICEF* et ATD Quart Monde (*voir* pp. 26-27) lancent une exploration commune des conditions nécessaires pour atteindre réellement les plus isolés.

approches | hier et aujourd'hui | mobilisatio

Au Burkina-Faso, au Canada, au Guatemala, en Haïti, en Ouganda, au Pérou (*voir* encadré) et en Thaïlande, sept projets de terrain ayant réussi à établir un lien avec les plus pauvres « de façon pertinente et durable » sont analysés et évalués. Sur cette base, une étude publiée en 1996 – *Atteindre les plus pauvres*, ATD Quart Monde/UNICEF* – dégage des lignes d'action,

> Docteur en anthropologie, Marco Aurelio Ugarte Ochoa a mené pendant plusieurs années, avec ses étudiants et des paysans très pauvres d'une région reculée du Pérou, un projet de « transformation de l'économie paysanne », en s'appuyant sur « *la conviction que les paysans ne devaient pas être considérés comme objets d'étude, mais avant tout comme sujets. Cela impliquait d'avoir une connaissance de leur vie quotidienne, de leur culture [...]. Le développement doit trouver sa raison d'être dans le service de la personne. Les actions et les politiques doivent être conçues à partir des besoins et des intérêts de la population, tenir compte de la réalité sociale et culturelle, établir des mécanismes permettant à tous de participer activement.* »
> Revue *Quart Monde*, novembre 1997.

et tire quelques enseignements sur les modalités de participation des populations les plus démunies.

Une démarche visant à n'exclure personne

La formule « les plus pauvres » ne cherche pas à mettre une étiquette sur la population située au pôle extrême de la pauvreté, mais à poser la question des « absents » : personnes et groupes qui, au sein d'une communauté pauvre, demeurent hors de portée. « Atteindre les plus pauvres » est donc l'expression d'une démarche concrète : qui sont les plus démunis ? Pourquoi sont-ils hors d'atteinte ? Comment parvenir à les rejoindre ? En privilégiant le contact direct avec les personnes, il est possible de nouer des liens de confiance réciproque et de solidarité avec la communauté, afin de réaliser un programme d'action dont chacun puisse tirer parti. Des personnes déjà bien intégrées dans la dynamique du développement peuvent devenir des relais, pour aller vers ceux dont l'isolement n'est pas encore brisé. Une telle approche, où les relations humaines et la participation de tous sont primordiales, permet de fixer l'objectif d'un développement communautaire qui n'exclut personne.

> Pour ne laisser personne de côté, les politiques de développement doivent intégrer les groupes les plus pauvres de la population dans leur dynamique (c'est-à-dire dans leur conception, leur mise en œuvre et leur évaluation).

À la conquête de la citoyenneté

Sans parole publique, il est impossible d'exister comme citoyen. Créer les conditions nécessaires à la prise de parole et au dialogue social permet d'enrayer le processus destructeur qui condamne certaines personnes au silence.

Photo *ci-contre* : les membres de l'Université populaire quart monde (personnes en situation d'exclusion et autres citoyens de divers horizons) débattent autour de l'« *Évaluation des politiques publiques de lutte contre la grande pauvreté* », parue au Journal officiel du 27 juillet 1995.

Universités populaires quart monde

Créées en 1972, ce sont des lieux de dialogue et de formation réciproque entre des adultes vivant la misère et d'autres citoyens qui s'engagent à leurs côtés. À partir de l'expérience et de la pensée de personnes en grande pauvreté s'élabore une réflexion nouvelle sur les grands sujets de société.

Prendre la parole

Parce qu'elle les amène à se croire coupables de leur situation, l'extrême pauvreté plonge ceux qui la subissent dans la honte et la peur du jugement des autres. Elle les prive de la confiance en eux-mêmes, et leur interdit du même coup toute prise de parole et toute communication. La lutte contre l'exclusion* nécessite donc de permettre aux personnes démunies de se former, afin qu'elles puissent exprimer ce qu'elles vivent et ce qu'elles veulent, pour elles-mêmes et la société. Parler et être écouté, savoir qu'on a de l'importance aux yeux des autres, sont des premiers pas pour rester debout. Car c'est en mettant des mots sur une souffrance trop longtemps subie qu'il devient possible de la comprendre et, peu à peu, de s'en libérer.

approches | hier et aujourd'hui | mobilisati

Participer à la vie de sa communauté

Le lieu par excellence où chaque être humain peut exercer une responsabilité, c'est la famille. Si celle-ci est menacée, dispersée, si les enfants sont placés, la violence et l'humiliation ressenties restent souvent « en travers de la gorge ». Mais le fait de comprendre sa propre histoire, et de pouvoir la partager, rend l'exclusion moins humiliante ; l'intégration

> « Mon nom est Gary. Mais personne ne veut le savoir. Je suis sans abri, un cliché pour tout le monde. Pour personne, je ne suis quelqu'un, et c'est cela qui blesse vraiment. Mais vous avez la responsabilité de votre indifférence. Je ne suis pas seulement une personne "sans abri", je suis un individu. J'aimerais te parler, à toi ou à quelqu'un d'autre, de tout cela, mais aucun n'est assez audacieux pour me dire son nom. Mon nom est Gary... »
> **Poème de Gary Gallard (Angleterre).**

à la communauté (second espace de responsabilité) cesse d'être hors d'atteinte. Pour peu que les très démunis puissent réellement y trouver leur place, comme des acteurs et non comme des personnes aidées, la vie associative offre l'occasion d'un rassemblement, réunissant pauvres et moins pauvres. Alors, même des familles étiquetées « irrécupérables » peuvent contribuer à un combat commun, retrouver courage et fierté, défendre les intérêts de leurs enfants et de ceux des autres…

Bâtir une vraie démocratie

« Être dans la misère a des répercussions sur la vie sociale : on est parfois obligé de vivre caché avec sa famille ; on n'ose plus assister à des fêtes locales ni même exercer ses droits de citoyens », déclare un participant au séminaire « Misère, déni des droits de l'homme » (ONU*, 1994). Sans domicile, il est difficile d'obtenir une carte d'électeur. Qui fera entendre la parole des sans voix ? Afin que la société applique vraiment les valeurs de démocratie dont elle se réclame, les privés-de-droits ne doivent plus être exclus du débat et de la représentation politiques. L'enjeu pour eux est précisément d'obtenir les mêmes libertés et les mêmes droits – celui d'expression, mais aussi celui de peser dans les choix politiques – que ceux dont jouissent les autres citoyens.

Dire, expliquer, débattre : voilà la première démarche de libération à laquelle aspirent les plus pauvres. Un véritable dialogue doit s'instaurer, pour que la citoyenneté soit partagée par tous.

Par la culture, se relier au monde

Indispensable au libre développement de la personnalité de chacun, la culture est un droit. Accéder au savoir, c'est découvrir le monde et, par là, gagner une certaine liberté.

Bibliothèques de rue

Ces actions culturelles consistent à introduire le livre, l'art et d'autres outils (notamment informatiques) d'accès au savoir auprès des enfants de milieux défavorisés et de leurs familles. Se déroulant sur leurs lieux de vie (sur un trottoir, au pied d'une cage d'escalier, dans des lieux isolés à la campagne...), ces activités répondent à la soif de savoir des enfants, cassent leur isolement et les réconcilient avec la joie d'apprendre.

Apprendre, un outil pour la vie

Période capitale, les premières années de la vie sont celles où l'enfant fait les apprentissages de base (comme l'acquisition d'un langage structuré, qui détermine l'entrée dans le monde de l'écrit). La connaissance donne confiance en soi ; les parents très pauvres en sont conscients, qui espèrent pour leurs enfants de meilleures conditions de vie et l'accès au savoir qu'eux-mêmes n'ont jamais pu acquérir. Entravant la maîtrise, par l'adulte, de son rapport au monde, l'illettrisme* empêche de bénéficier d'une formation générale et professionnelle, de trouver un travail stable et de construire une existence libre et active. En liaison avec l'école, soutenir l'accès des plus défavorisés au savoir (lecture, écriture, activités artistiques...) dès la petite enfance, est donc une priorité absolue.

Pour appartenir à la famille humaine

« *La culture, c'est ce qui relie les gens entre eux. Ça aide à changer la vie parce que ça donne la force de dépasser les difficultés.* » (Témoignage de personnes vivant en Bretagne, en grande pauvreté, cité dans *La culture et l'activité humaine pour refuser la misère*, ATD Quart Monde/Commission européenne, 1995). La culture prend ici un sens très large : c'est l'ensemble des moyens et outils permettant de comprendre la société, et d'y jouer un rôle. Par l'expression artistique, cette compréhension et cette capacité d'agir peuvent

approches | hier et aujourd'hui | mobilisatio

réellement être partagées par tous. Les activités culturelles, qui stimulent la créativité et donc l'autonomie, sont un moyen de mettre en valeur et d'enrichir son propre savoir, en le confrontant à celui des autres. S'insérer dans une communauté permet, dans le même mouvement, de se construire soi-même. La culture est un droit essentiel pour tous.

Le violoniste Ivy Gitlis joue pour des familles qui vivent en caravane, ici dans le Val-d'Oise en 1988.

Le beau, chemin vers soi

Toute personne, surtout la plus meurtrie, a besoin de beauté, de poésie et d'expression créatrice, autant que de pain et d'eau. Ouvrant les portes de l'imaginaire, l'art libère une énergie vitale et permet de réaliser ses potentialités. Dans l'expérience de la beauté et de l'art, qui lui renvoie une image différente de celle où le quotidien l'a enfermé, l'être humain peut desserrer, l'espace d'un instant, l'étreinte étouffante de la misère. Reliant sa propre histoire, il peut l'intégrer dans celle d'une communauté et de l'humanité tout entière. Le « beau » est une expérience irremplaçable, où chacun peut puiser des forces nouvelles, comme le dit Madame D., une femme de Caen, en situation de grande pauvreté : « *L'art, le théâtre, la musique, la peinture peuvent détruire la misère, car pour mon compte, toute cette beauté me donne une force incroyable pour me battre.* »

« J'attaque violemment ceux qui ne parlent que de revendications économiques sans jamais parler de revendications culturelles [...]. Que tous les hommes mangent est une bonne chose, mais il faut que tous accèdent au savoir, qu'ils profitent de tous les fruits de l'esprit humain car le contraire reviendrait à les transformer en machines, en esclaves d'une terrible organisation de la société. » **Federico García Lorca** (1899-1936), poète espagnol, 1931.

Parce qu'elle apporte autonomie de pensée et d'action, la culture aide l'être humain à se construire une personnalité et à se relier à une communauté. Elle ouvre ainsi un chemin d'humanité qui dépasse tous les clivages et toutes les barrières.

Pour un autre projet de société

Sans attendre que les mutations économiques actuelles soient stabilisées, il faut dès aujourd'hui s'associer avec les personnes en situation de grande pauvreté pour construire le monde de demain.

Amartya Sen prône une autre conception de l'économie, où les êtres humains sont « *vus comme des individualités dotées de droits à exercer, non comme des unités de "bétail" ou de "population" existant passivement et dont il faut s'occuper. Ce qui compte, en réalité, c'est le regard que nous avons les uns pour les autres.* » Le Monde, 28 octobre 1998.

Faim, misère et développement

Prix Nobel d'économie en 1998, Amartya Sen, chercheur indien étudiant la faim et le développement (*voir* ci-contre), a introduit de nouvelles données dans le débat économique. Selon lui, la volonté politique, garantie par un réel exercice de la démocratie, est le meilleur antidote à la famine. Ses travaux sur la pauvreté montrent les limites d'une approche fondée sur la seule mesure des revenus individuels, à laquelle il oppose l'appréciation des possibilités que procurent ces revenus. Dans ses réflexions menées depuis 1990 sur le développement humain, le PNUD* s'en est inspiré pour définir de nouveaux indicateurs de pauvreté. En 1997, Amartya Sen a expliqué que les choix de société liés à l'acceptation politique du chômage en Europe conduisent dans l'impasse, car ils génèrent une culture d'assistance et des phénomènes d'exclusion* dangereux pour la cohésion sociale.

Repenser l'activité humaine

Comment atteindre, dans le contexte d'une économie mondialisée, l'objectif fixé au Sommet de Copenhague (1995, *voir* pp. 32-33), c'est-à-dire

> « Que le temps de chômage, lorsqu'il ne peut être évité, soit [...] un temps où les intéressés puissent réellement se ressourcer, se former, maîtriser de nouvelles technologies où ils puissent, à travers cela, [...] obtenir une situation d'égalité dans la vie économique et dans la vie tout court. » Joseph Wresinski (*voir* pp. 26-27), message aux « États généraux du chômage et de l'emploi » (1988).

approches | hier et aujourd'hui | mobilisat

que tous, et particulièrement ceux qui subissent la pauvreté, puissent exercer leurs droits, assumer leurs responsabilités et apporter une contribution au bien-être de l'humanité ? Le débat actuel sur l'avenir du travail dans nos sociétés témoigne de l'inquiétude de nombreux citoyens, mais les plus démunis risquent fort d'être tenus à l'écart d'une telle interrogation. Or, c'est justement à partir de ceux qui sont intégralement privés de leurs droits – notamment celui, essentiel, de contribuer par son travail au devenir de l'humanité –, que l'on pourra tenter de répondre vraiment au défi posé. Il est urgent d'introduire les plus pauvres, leur expérience de vie et leur pensée dans le débat sur l'avenir du travail et des autres formes de l'activité humaine.

Par la justice, dépasser la violence

Le combat contre la misère suppose un véritable « retournement » des mentalités et des comportements, tant individuels que collectifs, vers l'application effective des droits pour tous, au lieu de la recherche d'un bonheur égoïste. Il n'y a pas de démocratie véritable sans l'épanouissement et la participation de tous les êtres humains. Accéder à une plus grande égalité et réciprocité avec ceux qui sont, aujourd'hui encore, en position de dominés ne se fera pas sans progrès tangible vers plus de justice. Sinon, comment les travailleurs précarisés, exploités ou licenciés, pourraient-ils se réconcilier avec les patrons ? Les Noirs d'Afrique du Sud avec les Blancs de l'apartheid ? Les paysans sans terre d'Amérique latine avec les propriétaires ? En pratiquant une action non-violente mais déterminée, des hommes comme Mohandas K. Gandhi (1869-1948, *ci-dessus*) ou Martin Luther King (1929-1968) ont montré que la réconciliation entre les hommes passe par la reconnaissance de leur égale dignité. Refuser la violence du mépris, de l'humiliation, de l'exploitation et de la misère, c'est bâtir l'avenir de tous.

Condition nécessaire au développement d'une vraie démocratie, la contribution des plus pauvres à l'activité humaine ne sera pas assurée sans un sursaut de justice, d'imagination et de citoyenneté.

Glossaire

Alerte : collectif d'une trentaine d'associations françaises luttant contre la pauvreté, constitué en 1994, pour mettre en place un meilleur partenariat avec les pouvoirs publics. La majorité de ces associations sont membres de l'UNIOPSS*.

Centre d'hébergement : établissement dont la vocation est d'offrir un accueil temporaire à des personnes en situation précaire. Pour la plupart regroupés dans la FNARS (Fédération nationale des associations d'accueil et de réadaptation sociale), ces centres diffèrent par le statut, la taille, le public accueilli, le mode d'accompagnement des personnes.

CES (Conseil économique et social) : assemblée constitutionnelle et consultative placée auprès des pouvoirs publics, dont les membres sont soit désignés (163) par les organisations représentatives des salariés, des entreprises, des professions libérales, des coopératives, des mutuelles et des associations familiales, soit nommés (68) par le gouvernement.

Charte sociale européenne : traité de 1961 par lequel les États membres du Conseil de l'Europe* s'engagent à protéger et à promouvoir des droits fondamentaux, principalement dans les domaines social et économique. La version révisée de 1996 élargit les droits garantis (dont le droit à la protection contre la pauvreté et l'exclusion* sociale), et intègre un système de réclamations collectives par lequel ONG*, syndicats ou organisations d'employeurs peuvent accuser un État signataire d'avoir violé la Charte.

CNCDH (Commission nationale consultative des droits de l'homme) : instituée en 1984 auprès du Premier ministre, elle rassemble les représentants des différentes administrations, institutions et organisations non gouvernementales (ONG*) françaises agissant dans le domaine des droits de l'homme et de l'action humanitaire.

Conseil de l'Europe : organisation intergouvernementale européenne de coopération, fondée en 1949, siégeant à Strasbourg et dont les membres (au nombre de 41) s'engagent à respecter la démocratie, l'État de droit et la protection des droits de l'homme.

Convention européenne de sauvegarde des droits de l'homme et des libertés fondamentales : adoptée en 1950 par les États membres du Conseil de l'Europe*, elle énumère les libertés et les droits fondamentaux (principalement dans les domaines civil et politique), dont peuvent se prévaloir les citoyens de ces États.

Cour européenne des droits de l'homme : tribunal siégeant à Strasbourg, compétent pour statuer sur les requêtes alléguant la violation par un État de la Convention européenne des droits de l'homme*.

Développement durable : conception selon laquelle la satisfaction des besoins actuels de l'humanité nécessite une utilisation rationnelle et adaptée des ressources naturelles existantes (préservation de l'environnement et de l'équilibre écologique), afin de ne pas compromettre l'approvisionnement des générations futures.

Esclavage : état des personnes qui sont sous la puissance absolue de maîtres qui les ont capturées ou achetées.

approches | hier et aujourd'hui | mobilisation

L'esclavage a progressivement disparu en Europe dans les derniers siècles du premier millénaire, mais il n'a été aboli aux États-Unis, en Turquie et dans les diverses colonies européennes qu'au cours du XIXe siècle, et en Arabie Saoudite en 1963.

État providence : ensemble de dispositions institutionnelles mises en place par une société consciente de la nécessité de sa responsabilité pour assurer le bien-être de tous ses membres.

Exclusion sociale : situation de personnes qui, dépourvues des moyens d'exercer leurs droits fondamentaux et donc leurs responsabilités sociales, sont marginalisées par rapport à la vie de leur communauté. Processus produisant cette situation.

Expulsion : acte d'autorité, avec éventuellement usage de la force publique, consistant à exclure quelqu'un soit d'un territoire, soit d'un logement, au motif qu'il déroge aux règles (lois, contrats…). Cette procédure peut donner lieu à des abus, surtout si des droits de recours ne sont pas garantis contre la décision d'expulsion.

Illettrisme : situation de personnes qui ont été scolarisées, mais qui ne maîtrisent pas suffisamment l'écrit pour faire face aux situations quotidiennes de la vie professionnelle, sociale, culturelle et personnelle. À ne pas confondre avec l'analphabétisme, qui décrit la situation de personnes n'ayant jamais eu l'occasion d'apprendre un code écrit dans aucune langue que ce soit.

Jacquerie : au Moyen Âge, nom donné à des révoltes de paysans français (ou « jacques » dans le langage populaire).

Ces soulèvements naissaient du désespoir des paysans face à des conditions de vie très difficiles, et furent en général durement réprimés.

Libéralisme : doctrine prônant la libre entreprise, et selon laquelle l'État n'a pas à intervenir dans les relations économiques, qui doivent être régulées par les seules lois de l'offre et de la demande. Sa tendance la plus radicale est appelée ultralibéralisme.

Lumpenprolétariat : dans la terminologie marxiste, partie la plus misérable du prolétariat*, que son extrême aliénation écarte de la prise de conscience révolutionnaire. Synonyme de sous-prolétariat.

ONG (Organisation non gouvernementale) : statut conféré à des associations agissant dans les domaines social, culturel ou humanitaire, accréditées auprès d'organismes internationaux ou nationaux.

ONU (Organisation des Nations unies) : organisme constitué en 1945 en vue de sauvegarder la paix et la sécurité internationales, et d'instituer entre les nations une coopération économique, sociale et culturelle. Son organe exécutif sur le plan politique est le Conseil de sécurité. L'ONU siège à New York.

Paupérisme : phénomène social caractérisé par l'état de très grande pauvreté d'une population ou d'une fraction de celle-ci. La paupérisation est le processus d'appauvrissement progressif qui risque de conduire à cet état.

Philanthropie : pensée et action des personnes qui cherchent à améliorer le sort matériel et moral

Glossaire (suite)

des êtres humains. Au XIXᵉ siècle,
ce mot a été parfois substitué au terme
de charité, trop connoté religieusement.
Mais on lui a ensuite préféré d'autres
concepts : justice sociale, solidarité…

PNUD (Programme des Nations unies
pour le développement) : son but,
en publiant des rapports annuels,
nationaux et mondiaux, fondés
sur des outils statistiques adaptés,
est de mesurer l'état de développement
des populations, ainsi que de financer
et d'évaluer les initiatives visant
à permettre à tous de vivre
dans la dignité (santé, savoir, ressources
minimales et participation sociale).

Prolétariat : condition de ceux
qui n'ont pour vivre que leur force de
travail, rémunérée par les propriétaires
des moyens de production ou
d'échange. Au milieu du XIXᵉ siècle, Karl
Marx (1818-1883) et Friedrich Engels
(1820-1895) donnent à ce mot le sens
plus particulier de « classe sociale ».

Quatrième ordre : concept forgé
en 1789 par le député Louis-Pierre
Dufourny de Villiers (1739-vers 1797)
pour désigner « *les pauvres journaliers,
les infirmes, les indigents…* »,
qui n'étaient pas représentés aux États
généraux, dans le but de leur permettre
une expression publique.

RMI (Revenu minimum d'insertion) :
complément légal de ressources institué
en 1988 en France, avec droit d'accès
à une activité ou à une formation.

SDF (sans domicile fixe) : appellation
usuelle pour désigner les personnes qui
ne disposent pas d'une adresse propre.

Vivant à la rue ou en habitat
très précaire, elles peuvent depuis peu
se faire domicilier auprès d'associations
ou de services agréés à cet effet.

Seuil et taux de pauvreté : conventions
de représentation statistique
du nombre de personnes en situation
de pauvreté au sein d'une population
donnée, sur la base des seuls revenus
monétaires connus. Par exemple,
proportion de ménages dont le revenu
est inférieur à la moitié du revenu
moyen de l'ensemble des ménages
de cette population.

Trente Glorieuses : de 1945 à 1974,
période caractérisée par une forte
croissance, un faible chômage,
le développement de l'État providence*
et la modernisation d'une économie
qui n'a cependant réussi ni à rétablir
l'équilibre du commerce extérieur,
ni à vaincre l'inflation, ni à éradiquer
la grande pauvreté.

Unesco : Organisation des Nations
unies pour l'éducation, la science
et la culture, dont le siège est à Paris.
Elle fut constituée en 1946,
pour protéger les libertés humaines
et développer la culture.

UNICEF : Fonds des Nations unies
pour l'enfance, dont le siège est
à New York. Organisme humanitaire
créé en 1946 pour promouvoir l'aide
à l'enfance, notamment dans les pays
en développement.

UNIOPSS (Union nationale
interfédérale des œuvres et organismes
privés sanitaires et sociaux) : créée
en 1947 en France, elle regroupe
la majorité des organismes à caractère
associatif, dans les domaines de l'action
sociale, médico-sociale, socio-culturelle
et sanitaire.

approches | hier et aujourd'hui | mobilisatio

Bibliographie

• Témoignages

HENRY (Patrick), BORDES (Marie-Pierre), *La Vie pour rien*, Robert Laffont, 1997. Les personnes sans abri dérangent notre bonne conscience. Mais elles, qui n'ont pratiquement plus de forces ni de mots pour s'exprimer, que disent-elles ? Propos recueillis par un médecin du centre d'hébergement* de la Maison de Nanterre et par une infirmière.

LOUMANI (Zackaria), ROSSI (Aurélia) et HÉRA, *Pensées de la cité*, Le Reflet, 1998. Loin des clichés véhiculés par les médias, ou des constats alarmistes, voici des témoignages qui illustrent la vie des jeunes dans les cités aujourd'hui en France. Ils disent surtout leur volonté de lutter pour résister à l'engrenage du désespoir.

• Portraits

CAILLAUX (Jean-Claude), *Joseph Wresinski. Un défi pour la dignité de tous*, Desclée de Brouwer, 1999. L'auteur retrace la figure du fondateur d'ATD Quart Monde. À l'heure où se creusent davantage les exclusions*, son appel exigeant pour la justice ouvre un questionnement radical à partir des plus démunis.

GLORION (Caroline), *Geneviève de Gaulle-Anthonioz*, Plon, 1997. Une biographie où celle qui fut longtemps présidente d'ATD Quart Monde lève le voile sur ses convictions et ses engagements. Toute sa vie, du camp de concentration à la lutte contre la misère, elle a mené le même combat : pour la dignité de tout être humain et contre l'exclusion, insulte à la démocratie.

• Littérature

CAMUS (Albert), *Le Premier Homme*, Gallimard, 1994. Ce roman autobiographique raconte l'enfance de l'auteur dans un quartier pauvre d'Alger.

Dans ce milieu où de nombreuses personnes sont illettrées, le narrateur trouve à l'école la chance d'une vie meilleure.

CUNY (Georges-Paul), *Dancing Nuage*, Gallimard, 1992. En rentrant de l'école, un enfant apprend que son père vient d'être emprisonné. De peur d'être poursuivis à leur tour, la mère et l'enfant quittent la roulotte où ils vivaient. Commence alors une longue errance…

DEFROMONT (Jean-Michel), *Tout droit jusqu'au bout du monde*, Quart Monde, 1988. Monsieur Sévotin habite une cité. Il rencontre une petite fille et découvre la Déclaration universelle des droits de l'homme. À travers cette histoire d'amitié, ce beau roman raconte la chronique des familles qui vivent loin de tout et surtout si loin des autres…

DIB (Mohammed), *Au Café*, Actes Sud, 1996. Algérie, début des années cinquante : images de misère et de faim. À travers les portraits de six personnages, dans le constat de ce qu'ils vivent, perce la révolte de l'auteur contre tant d'injustice et de dénégation de la dignité humaine.

DOFF (Neel), *Jours de famine et de détresse*, Labor, 1998. Dans ce roman violent au style dépouillé, l'auteur raconte ses années noires d'enfance et d'adolescence, entre Amsterdam et Anvers : froid, expulsions, misère extrême, vaines recherches d'un travail, prostitution…

GAINES (Ernest J.), *Dites-leur que je suis un homme*, Liana Lévi, 1994. Louisiane, années quarante. Un jeune Noir, démuni et inculte, est accusé à tort du meurtre d'un Blanc, et condamné à mort. Un jeune instituteur noir va l'accompagner, pour lui permettre de mourir en affirmant sa dignité.

Bibliographie (suite)

• **Agir contre l'exclusion**
de GAULLE-ANTHONIOZ (Geneviève),
BESSON (Louis), JACQUARD (Albert),
avec AMBLARD (Hélène), *L'Engagement :
droit au logement ou droit à la vie ?*,
Le Seuil, 1998. Trois personnalités
du monde associatif ou politique,
siégeant au Haut Comité pour
le logement des personnes défavorisées,
expliquent leur engagement
pour le respect effectif des droits
de ces hommes et de ces femmes.

LAYAT (Dominique), *Le Livre contre
l'exclusion*, ENSSIB, 1995. Le livre peut
permettre à des enfants, qui en sont
privés à cause de la misère, d'accéder à
la culture. Cet ouvrage propose un tour
d'horizon des expériences de lecture
en milieu défavorisé, actions menées
notamment par les deux associations
La joie par les livres et ATD Quart
Monde.

ROSENFELD (Jona M.), *Émerger de la
grande pauvreté*, Quart Monde, 1989.
Professeur d'action sociale, l'auteur
montre comment l'action d'ATD Quart
Monde contribue à ce que les plus
démunis deviennent peu à peu
partenaires à part entière dans la société.

TARDIEU (Bruno) et ROSENFELD (Jona M.),
Artisans de démocratie, Quart Monde/
Atelier, 1998. Douze récits de citoyens
ordinaires qui ont réussi à recréer
le lien social entre les institutions
dont ils font partie et ceux qui en sont
exclus. L'analyse de ces récits met
en lumière les clés de la réussite
de cette action, donnant ainsi
des références pour combattre la misère.

• **Droits de l'homme**
*La Déclaration universelle des droits
de l'homme*, coll. « Folio », Gallimard,
1988. Ouvrage illustré par Folon.

COMBESQUE (Marie-Agnès, sous la dir.
de), *Introduction aux droits de l'homme*,
Syros/Amnesty International, 1998.
Outil d'information sur la notion
de « droits de l'homme » et sur son
évolution historique. Face aux violations
des droits au XXᵉ siècle, que peut-on faire ?

*La Déclaration universelle des droits
de l'homme*, textes réunis par des
journalistes du *Monde*, coll. « Folio »,
Gallimard – Le Monde, 1998. Que
reste-t-il des promesses de la Déclaration
de 1948 ? Pour évaluer la réalité
des droits de l'homme aujourd'hui,
de grands juristes commentent ce texte
fondateur. Des analyses enrichies
par les témoignages de personnes
dont les droits ont été bafoués.

WRESINSKI (Joseph), *Les plus pauvres,
révélateurs de l'indivisibilité des droits
de l'homme*, « Cahiers de Baillet »,
Quart Monde, 1998. Ce texte, qui
contribua de manière décisive à la
réflexion de la Commission nationale
consultative des droits de l'homme*
(France), jette les bases d'une nouvelle
façon d'envisager la dignité humaine.

Adresses utiles

Mouvement International
ATD Quart Monde
107, avenue du Général-Leclerc
95480 Pierrelaye
Tél. : 01 30 36 22 20
Site Web : www.atd-quartmonde.org

Mouvement Jeunesse Quart Monde
29, rue du Stade
77720 Champeaux
Tél. : 01 60 66 91 28
Site Web : www.jqm.cie.fr

approches   hier et
              aujourd'hui   mobilisatio

Index

Le numéro de renvoi correspond à la double page.

Extrait des « options de base » du mouvement ATD Quart Monde

« Tout homme porte en lui une valeur fondamentale inaliénable qui fait sa dignité d'homme. Quels que soient son mode de vie ou sa pensée, sa situation sociale ou ses moyens économiques, son origine ethnique ou raciale, tout homme garde intacte cette valeur essentielle qui le situe d'emblée au rang de tous les hommes. Elle donne à chacun le même droit inaliénable d'agir librement pour son propre bien et pour celui des autres. »

Responsable éditorial
Bernard Garaude
Directeur de collection – Éditio
Dominique Auzel
Secrétariat d'édition
Véronique Sucère
Correction – révision
Carole Gamin
Iconographie
Anne-Sophie Hedan
Conception graphique
Bruno Douin
Maquette
Karine Benoit
Fabrication
Isabelle Gaudon, Sandrine Bigc
Flashage
Exegraph

Crédit photos
ATD Quart Monde : pp. 4, 6, 15, 26,
34, 40, 42, 44, 46-47, 52, 55.
Ciric : p. 3.
Explorer : p. 57.
FAO : p. 10.
Lauros-Giraudon : p. 16.
Rue des Archives : p. 39.
Selva : pp. 19, 20.
Sygma : pp. 9, 23, 25, 29, 38.

Pour Tom, Yves et Dominique.

Les erreurs ou omissions involontaires qui auraient pu subsister dans cet ouvrage malgré les soins et les contrôles de l'équipe de rédaction ne sauraient engager la responsabilité de l'éditeur.

Aubin Imprimeur, 86240 Ligugé. — D.L. septembre 1999. — Impr. P 58906